図説 日本の城と城下町 ⑨

熊本城

稲葉継陽・監修

創元社

目次

Part 2 熊本の城下町を歩く

Part 3

肥後熊本の文化探訪

凡例

- **年号**……和暦（元号）と西暦を併記したが、改元の年は原則として改元後の元号を記し、改元前の出来事については改元前と後の元号を併記した。南北朝時代は南朝と北朝の元号を併記した。
- **漢字**……漢字は原則として新字体を採用した（一部の固有名詞は、例外的に旧字体や異体字を採用した）。
- **写真・図版出典**……原則として写真・図版のそばに出典を記載した。編集部で撮影した写真や作図、所蔵図版と、著作権保護期間の満了し所蔵者が特定できない写真・図版は、出典記載を省略した。このほかＰＩＸＴＡ、フォトライブラリーからの提供写真がある。３Ｄ地形図は『カシミール３Ｄ』を使用して作成した。
- カバー・帯に掲載の図は『熊本屋鋪割下絵図』（熊本県立図書館蔵）、『熊本城之図』（永青文庫蔵、熊本大学附属図書館寄託）。
- 記載内容・データは、原則として２０２３年11月現在とした。

はじめに

戦争と災害の歴史が刻まれた巨城

熊本大学永青文庫研究センター長　稲葉継陽

島津家を意識した堅固な城

寛永9年（1632）に熊本城主となった細川忠利《ただとし》は、こんなに大きな城は江戸城以外に見たことがない、という旨を手紙に書き残しています。天下の城である江戸城以外に比較対象がないというのです。忠利は「囲い」も大きいと記しています。私の解釈ですが、この囲いとは惣構《そうがまえ》のことです。忠利が驚くのも納得で、城の東側は白川や坪井《つぼい》川を堀代わりに、西側には新町《しんまち》（96ページ）の惣構があって、非常に大きな規模で城下町を囲い込んでいました。まずはその大きさに注目してみてください。

なぜこれほど巨大な城が必要だったのかといえば、熊本城が大きな軍事的リスクを抱えていたことと関係しています。熊本は徳川家が危険視していた島津家の薩摩藩（現在の鹿児島県西部）に面していて、江戸時代にも戦《いくさ》は現実的なリスクでした。城には、戦が起こったときに近隣住民を避難させる場所としての役割がありました。戦国時代には、敵地の住民を略奪することがふつうに行われていたので、避難場所がなければ住民は安心して住めなかったのです。だから熊本には異様な規模の巨城が築かれたものと考えられます。

戦が強く意識されていたことは、城や城下町のつくりにも表れています。とくに宇土《うと》櫓《やぐら》（66ページ）の石垣に注目してください。宇土櫓の武者返しは非常に完成されていて、歩兵が堀を渡って櫓を攻め取るのは不可能だという実感を抱かせます。

城下町でいうと、新町の西側に高麗門《こうらいもん》の遺構が見つかっています。新町を囲い込む堀と土塁に設けられた門ですが、天守に使われたのと同時期の瓦が出土して

宇土櫓　宇土櫓の石垣も、これまでに何度か積み直されたと考えられている。

いて、城本体と並行して惣構が整備されたと推測できます。現場に立ってみると、当時の城主である加藤清正が、城下町の機能を重視していたことが実感できます。また、札《ふだ》の辻《つじ》という場所があるのですが、ここは周辺の重要街道すべての起点になっています。熊本城で街道を集約して交通を管理していました。これもやはり島津家を意識してのことでしょう。

城は戦争と深い関係をもった文化財です。そのことも意識して見学してほしいと思っています。

何度も積み直された石垣

熊本では平成28年（2016）に大きな地震があって、熊本城も深刻な被害を受けました。今はそれを修復しているところですが、じつは忠利が藩主になる直前にも大きな地震がありました。入城後すぐ幕府に修理を申し出て、その後何年もかけて城の修復をしています。こんな大きな城は見たことがない、と記している一方で、こんなにボロボロな城は見たことがない、とも記しています。

このときの地震だけでなく、熊本城はこれまでの歴史のなかで多くの災害に見舞われてきました。あれほどの規模の構造物が小高い山の上にあり、しかも地下には断層も通っています。熊本城は決して災害に強い城ではありません。

そのような城を数百年維持してきたわけで、これは非常に困難な事業だったはずです。何度も石垣が崩れていて、そのたびに積み直されてきました。そうした何百年にもわたる維持のための努力が、現在まで積み重ねられて今の熊本城があります。それを頭に入れて、今の姿を見てもらうとよいかと思います。

稲葉継陽（いなば・つぐはる）

熊本大学永青文庫研究センター教授・センター長。専門は日本中世史・近世史。主な著書に『細川忠利』（吉川弘文館）、『戦国時代の荘園制と村落』『日本近世社会形成史論』（校倉書房）、『歴史にいまを読む』（熊本日日新聞社）などがある。

特別インタビュー

フリーアナウンサー 武田真一

戦うために築かれた町と質実剛健な熊本城

熊本で生まれ、青春時代を熊本で過ごした武田真一さん。アナウンサーとなってからは大阪や沖縄など、さまざまな場所で活躍し、その地の文化に触れてきた。そんな武田さんに、改めて熊本という場所の魅力を聞いた。

プロフィール
武田真一(たけた　しんいち)
1967年、熊本県熊本市出身。1990年にNHK入局。『クローズアップ現代+』メインキャスターや、『第67回NHK紅白歌合戦』総合司会を務める。2023年2月にNHKを退局後、フリーアナウンサーとして活躍。

城下町の連帯感をつくる熊本人にとってのシンボル

——熊本の人にとって熊本城はどのような存在でしょうか。

武田　一口で言えば、熊本市民、熊本県民にとってのシンボルですね。熊本城は茶臼《ちゃうす》山の上に建てられていて、周辺に熊本城より高い建物はありません。熊本の中心市街地なら、至るところから天守が見えるんです。熊本市民はそれを仰ぎ見ながら育ちます。

　熊本って、今の中心市街地が熊本城の城下町そのものなんですよね。熊本駅の周りも再開発されていますが、やはり一番の繁華街は城の東側に広がっています。そういう意味でも、僕たちは熊本城の城下町に住んでいるんだという意識があります。僕の育った家は中心市街地からはだいぶ離れていたんですけど（笑）。

　高校時代にはよく中心市街地まで自転車を走らせていました。僕の母校は熊本高校っていうところで、途中には白川っていう大きな川があるんですが、そこに大甲《たいこう》橋という橋がありまして、ここを渡っていると、向こうから路面電車がせり出して見えてきます。橋の右側を見るとコカ・コーラの看板があって、その先に熊本城の天守が見えてきます。この構図がすごく好きでした。

大甲橋　城から白川を越えて東に延びる県道28号線の一部となっている。

　そんなときには佐野元春さんの『ダウンタウン・ボーイ』という曲が、頭の中で流れていました。自分のダウンタウンは、まさにそこでした。

若者たちが集まった二の丸広場

——熊本城に関する思い出を教えてください。

武田　熊本城に二の丸広場という場所があります。芝生があって、ただ広いだけの場所なんですけど、お金のない若者たちが街で遊び飽きると「二の丸広場に行こうか」ってなります。とくに何かあるわけでもないですが……どこにでもそういう場所ってあるでしょう。

——京都の鴨川みたいな感じでしょうか。

武田　そうそう（笑）。お弁当を食べている人がいたり、デートしている人がいたり、バドミントンをやっている人がいたり、自然と人が集まっていましたね。この場所から見える小天守、大天守の風景がまたいいんですよ。

そういえば、初めてコンサートを見たのも二の丸広場の特設ステージでした。火の国まつりというのがあって、それでEPO《エポ》さんが来ていたんです。今またシティポップで人気の人ですが、それを見に行きましたね。

熊本城というと二の丸広場の印象が強くて、天守にはじつは一度か二度ぐらいしか入ったことがありませんでした（笑）。城は入るものではなくて、見るものという感覚ですね。熊本市民にはそういう人が多いと思います。

ほかにも、今では城彩苑《じょうさいえん》になっている辺りに、城内プールがあって、熊本市民が泳ぎに行くとなると、ほとんどがこの場所でした。その裏手にはスケートリンクもありましたね。何かといえば熊本城の周辺のアクティビティで遊んでいました。妻と付き合っていた当時、一緒に城内プールに行った記憶があります。

——城下町で思い出深い場所はありますか。

武田　城下町で一番思い出深いとなると千葉城町《ちばじょうまち》ですね。現在の市役所の北側辺りなんですけど、昔ここに千葉城っていうお城があったようです。隈本《くまもと》城の前身ですね。熊本城ができてからは重臣の屋敷などがあったようです。じつは宮本武蔵も暮らしていたらしいですね。

僕が社会人になったばかりの頃、そんな場所にＮＨＫ熊本放送局がありました。お城の横にあるＮＨＫとして市民の皆さんからも親しまれていたんですよ。僕にとっては平成2年（1990）に赴任した初任地で、アナウンサーとしての出発点といってもよい場所です。

白川の付け替えをはじめ街全体に清正を感じる

——熊本で加藤清正による町づくりを感じられる場所はありますか。

武田　熊本はお城が中心にあって、その周りを複雑に入り組んだ道がめぐっています。ある通りを走っていると、北に向かっていたはずなのに、いつの間にか東に向かっていて、ということがよく起こります。道順は覚えていても、自分がどの方角に進んでいるか、よくわからなくなってくるんですよ。

加藤清正が敵を惑わすためにそういう迷宮的なつくりにしたのだろうなと感じられます。ただ、生活するとなると真っすぐな道がなくてわかりづらいので、もうちょっと何とかしてくれよ加藤清正、と思ったことはあります（笑）。

「白川の付け替え工事はどうやったんだろうと」

それとこの間、熊本城の天守に登ったときに初めて知ったのですが、白川の付け替え工事をやったのが加藤清正なのだそうです。現在、熊本城の横を流れている坪井《つぼい》川が、もともとの白川ですね。

白川の源流は阿蘇《あそ》にあって、地下水が染み出して白川の流れになって、熊本市まで流れてきているんですけど、熊本市民にとっては象徴的な、特別な意味のある川です。

それを今の場所に付け替えたのが清正だったということも、あれほどの大工事をあの時代にやったということも驚きです。

自分たちで流行をつくり出す「わさもん」が多い土地

——職業柄、各地の文化や風土に触れることが多かったと思いますが、それらを踏まえて改めて熊本の特徴的な文化や風土を感じられることはありますか。

武田　熊本は着道楽《きどうらく》の街っていわれていて、地場の個人経営のおしゃれ

な洋服屋さんがたくさんありました。そこから地元の若者の間で流行るファッションが出てきていたように思います。東京発信のものとかではなくて。

熊本県人の気質を表す言葉でおそらく一番有名なのは、頑固者というような意味の「もっこす」という言葉です。じつはもう1つ、「わさもん」という言葉もあります。これは新しいもの好きというような意味です。熊本県人は頑固者とはいってもただの頑固者じゃなくて、腰が軽いところがあるように思います。新しいものをどんどん取り入れて自分たちでおもしろいものをつくっていこう、楽しんでいこう、というところがあります。

テレビでもローカルタレントがたくさんいたり、ローカルの人気番組があったりします。熊本から独自の文化を発信しようとみんなが考えているのだと思います。その中心になっているのが熊本城なんじゃないでしょうか。

今はどうなのかわからないのですが、東京のブランドが九州で新商品を展開するときは、福岡ではなくて熊本にアンテナショップを置く、というような話を聞いたこともあります。人口規模がちょうどよかったのかもしれませんが、熊本県人の「わさもん」気質が期待されているのかもしれませんね。

徳富《とくとみ》蘇峰《そほう》という熊本が生んだ明治期から戦後にかけて活躍したジャーナリストがいます。もともとは平民主義を掲げて、古い考えを捨て去ろうって思想だったんです。でもだんだんと、国家主義へと変遷していきました。戦後は「変節」と批判されましたが、原理原則にとらわれず、新しい考え方を取り入

「熊本県人はちょっと愛嬌ある頑固者なんです」

れた結果でもありました。それがよいとか悪いとかではなくて、熊本県人の気質を象徴するような人だなと思います。

おいしいものも豊富
観光にもおすすめの熊本

——特産品や食べ物でおすすめのものはありますか。

武田　定番ですけど、馬刺しはやはりおいしいですね。家庭でも、お祝い事のときに、魚の刺身と一緒に出てきていました。

　それと、野菜や果物、何でもおいしいですね。なかでも僕は、だご汁が好きです。里芋やゴボウを入れた汁に、小麦粉を練ってつくった団子を入れたものです。豚汁に団子が入っているのを想像してもらえれば近いと思います。家庭料理で、しょっちゅう食べていました。馬刺しより好きです（笑）。

　あとは、いきなり団子《だご》ってご存じですか。小麦粉でつくった薄い生地の中に、ゴロっとサツマイモが入っているんです。食べ応えがしっかりあって、1個食べるとお腹いっぱいになります。お菓子ですけど、僕の中ではおにぎりのようなものです。

　お酒もおいしいですよ。九州というと焼酎の印象があると思いますが、熊本は日本酒もおすすめです。熊本県酒造研究所という会社がつくっている香露《こうろ》という日本酒が有名です。この熊本県酒造研究所は、全国の酒蔵で広く使われている熊本酵母をつくったところなんです。

だご汁

——熊本で城以外に訪れてほしいスポットなどありますか。

武田　熊本市内からは外れるのですが、やはり天草《あまくさ》や阿蘇ですね。

　僕の母が天草の生まれなんですが、潜伏キリシタンのいた地域ということで、神秘的な、静かな祈りに包まれているような雰囲気があって好きです。阿蘇は言わずもがな、あの雄大な風景がすばらしい。人が住んでいるものでは最大のカルデラです。一番って引かれますよね。

　熊本を訪れた際には、熊本城と併せてぜひ足を運んでみてください。

熊本城周辺地図
500m
200m
立田自然公園（細川家廟所）
熊本電鉄
熊本電鉄
往生院
熊本大学教育学部附属小学校
上熊本駅
本妙寺
熊本大学黒髪北地区
榎坂
雁木坂
熊本地方裁判所
県道337号線
井芹川
新堀橋
県道1号線
藤崎宮前駅
藤崎八旛宮
藤崎台県営野球場
熊本博物館
熊本県立美術館
熊本城
熊本城公園（二の丸広場）
熊本市役所
国道3号線
九州新幹線
JR鹿児島本線
札の辻
行幸橋
水道町駅
熊本市電
大甲橋
熊本県立第一高等学校
下通り
熊本県立熊本高等学校
花畑公園
船場橋
北岡自然公園（細川家廟所）
明八橋
坪井川
代継橋
花岡山
長六橋
白川
県道28号線
JR豊肥本線
熊本駅
水前寺公園
県道22号線

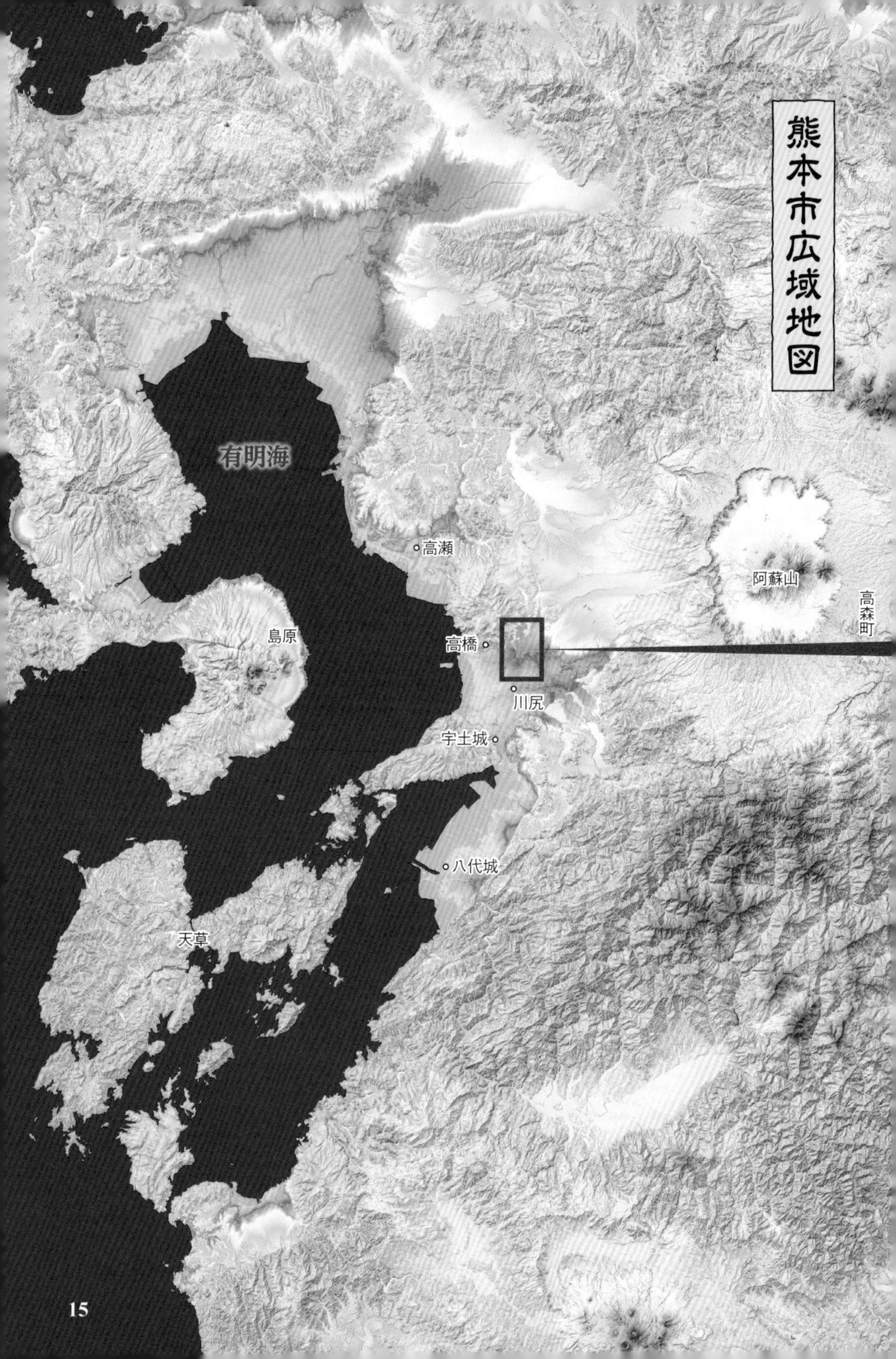
熊本市広域地図
有明海
高瀬
阿蘇山
高森町
島原
高橋
川尻
宇土城
八代城
天草

図説

熊本城ものがたり

戦国の世が幕を開け 茶臼山に城が建つ

熊本城の前身「隈本城」の誕生

応仁の乱（１４６７〜77）の頃、肥後国隈本《ひごのくにくまもと》（現在の熊本市）は守護の菊池氏の支配下にありましたが、当時は村や町も耕作地も大変小規模なものでした。坪井川と白川の２つの川がくり返し氾濫し、辺りのほとんどが湿地帯となっていたためです。

しかしこの隈本には、国府の所在地として商工業でも栄えた二本木《にほんぎ》と、承平５年（９３５）から奉られていた藤崎宮《ふじさきぐう》（現在の藤崎八旛宮）がありました。応仁元年（１４６７）当時の守護である菊池重朝《きくちしげとも》は出田秀信《いでたひでのぶ》を派遣し、茶臼《ちゃうす》山の東に千葉城を築かせています。

その後、出田秀信が戦死したことにより、出田氏の勢力にかげりが見えてきます。国府や藤崎宮の維持に難ありと考えた菊池氏は、鹿子木親員《かのこぎちかかず》を派遣し、茶臼山の南西に新たに隈本城（古城《ふるしろ》）を築かせました。この城が、現在の熊本城の前身となります。

藤崎八旛宮　茶臼山に国家鎮護の神として勧請されたのが始まり。西南戦争で焼け、現在地に移転。

秀吉の信頼あつい清正が隈本城主に

天正15年（１５８７）、豊臣秀吉は、薩摩（現在の鹿児島県西部）の島津氏を討伐し、九州平定を成し遂

『加藤清正画像』 朝鮮出兵での蔚山《ウルサン》の籠城戦を生き残った経験を生かし、熊本城を築く。（東京大学史料編纂所蔵模写）

げます。その際、当時島津側につき、隈本城主であった城氏は、隈本城を秀吉に明け渡しました。

秀吉は九州諸大名の領土を裁定しますが、肥後は佐々成政《さっさなりまさ》に任せます。その際秀吉は、3年間、検地（土地の測量調査）を行うことを禁じたとされます。これは肥後をすみやかに支配するための方策だったと考えられています。

しかし成政は秀吉の指示を無視し、年貢などの確保のために検地を行おうとしたため、国衆（在来の武士領主たち）が反発し、一揆《いっき》を起こします。成政は一揆の制圧におもむきますが、これが裏目に出て、隈本城は国衆によって包囲されてしまいました。

事態を重く見た秀吉は、九州だけでなく四国からも援軍を送り、一揆の鎮圧に成功します。命令に背き大失態を演じた成政は罪を問われ、切腹となりました。

天正16年（１５８８）、秀吉は2分割されることになった肥後の南側を小西行長、北を加藤清正に与えます。そして清正は隈本城に入城することになりました。

加藤清正は9歳のときから秀吉に小姓としてつき従っていました。成長するとともに数々の戦いで武功をあげ、柴田勝家と争った賤ケ岳《しずがたけ》の戦いでは「賤ケ岳七本槍」の1人に数えられるほどでした。

秀吉から領地を与えられた清正は、隈本城の改修にかかります。もとは佐々成政が命じられていたものでしたが、国衆一揆の対応に追われて手つかずのままでした。南には降伏してもなお不気味な存在である島津氏が控えていたこともあり、早急な改修が必要となりました。しかしその間、清正は肥前名護屋城（佐賀県唐津《からつ》市）築城や朝鮮出兵にたずさわっていました。

防御が不十分という点から新城築城の計画があったものの、出費もかさんで財政問題を抱えていたこともあり、進んではいませんでした。ところが、転機は二度目の朝鮮出兵の際に訪れます。それは豊臣秀吉死去の知らせです。撤兵後の国内の状勢の変化は、無視できないものでした。

「清正公さん」のお膝元は隈本から熊本に

茶臼山、三度目の新城築城

清正は隈本城の東側、東高西低の台地で新城築城に取りかかりました。慶長5年（1600）には大天守が完成したと考えられています。

同年、関ケ原の戦いが起こります。家康側についた清正はこの戦いに参加せず、肥後に残って小西行長の宇土《うと》城と八代《やつしろ》城を攻略しました。

この功績により、清正は肥後54万石の大大名となって、慶長12年（1607）には、隈本を「熊本」に改称しました。それにより、隈本城も熊本城と呼ばれるようになります。

加藤清正は築城と治水の名手

肥後はこれまで、大友氏、島津氏、龍造寺《りゅうぞうじ》氏の勢力争いに巻き込まれたために、河川工事を行う余裕がありませんでした。清正は肥後入国の手始めに、井芹《いせり》川を西に付け替えるなどの治水工事に着手します。

慶長4年（1599）の新城築城当時は、白川が北側へ大きく蛇行しており、そこへ東から坪井川が合流し、城の南側で曲がりくねった状態でした。それを、慶長15年（1610）までに工事により直進化させ、城の外堀として、島津氏に対する防衛線とします。ま

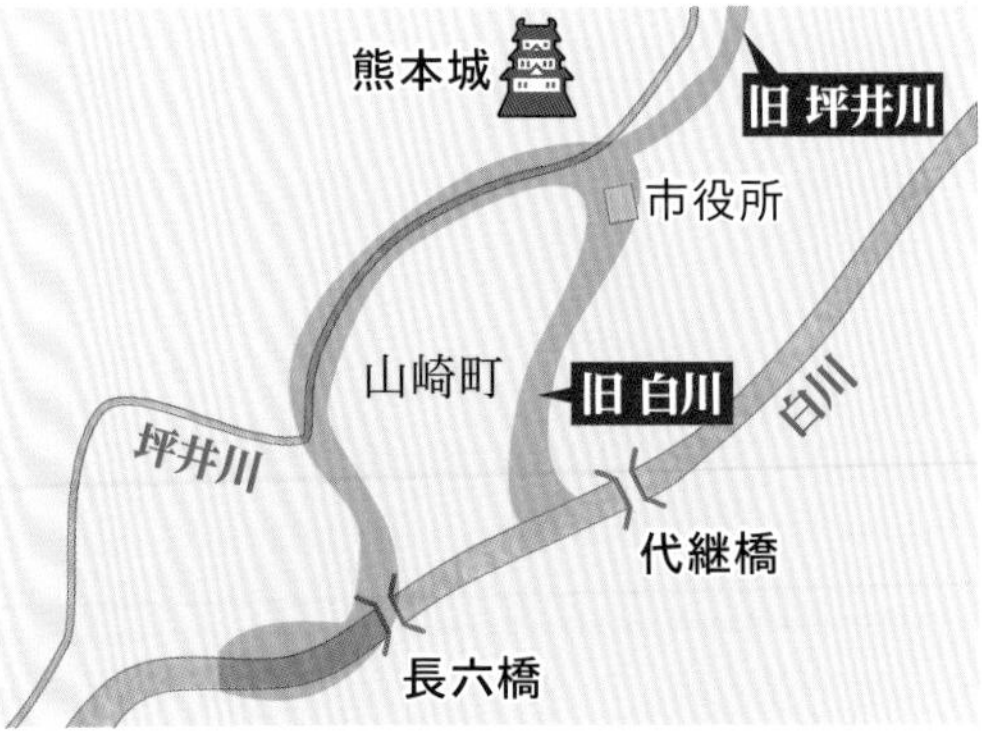

治水工事前と工事後の白川と坪井川の位置関係（推定）

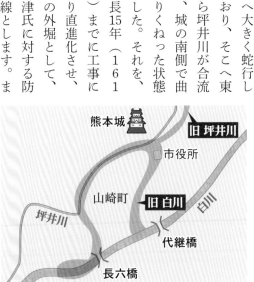

た、白川を直進させたことにより、分断されていた城下町は1つになり、多くの住民の生活の便がよくなりました。

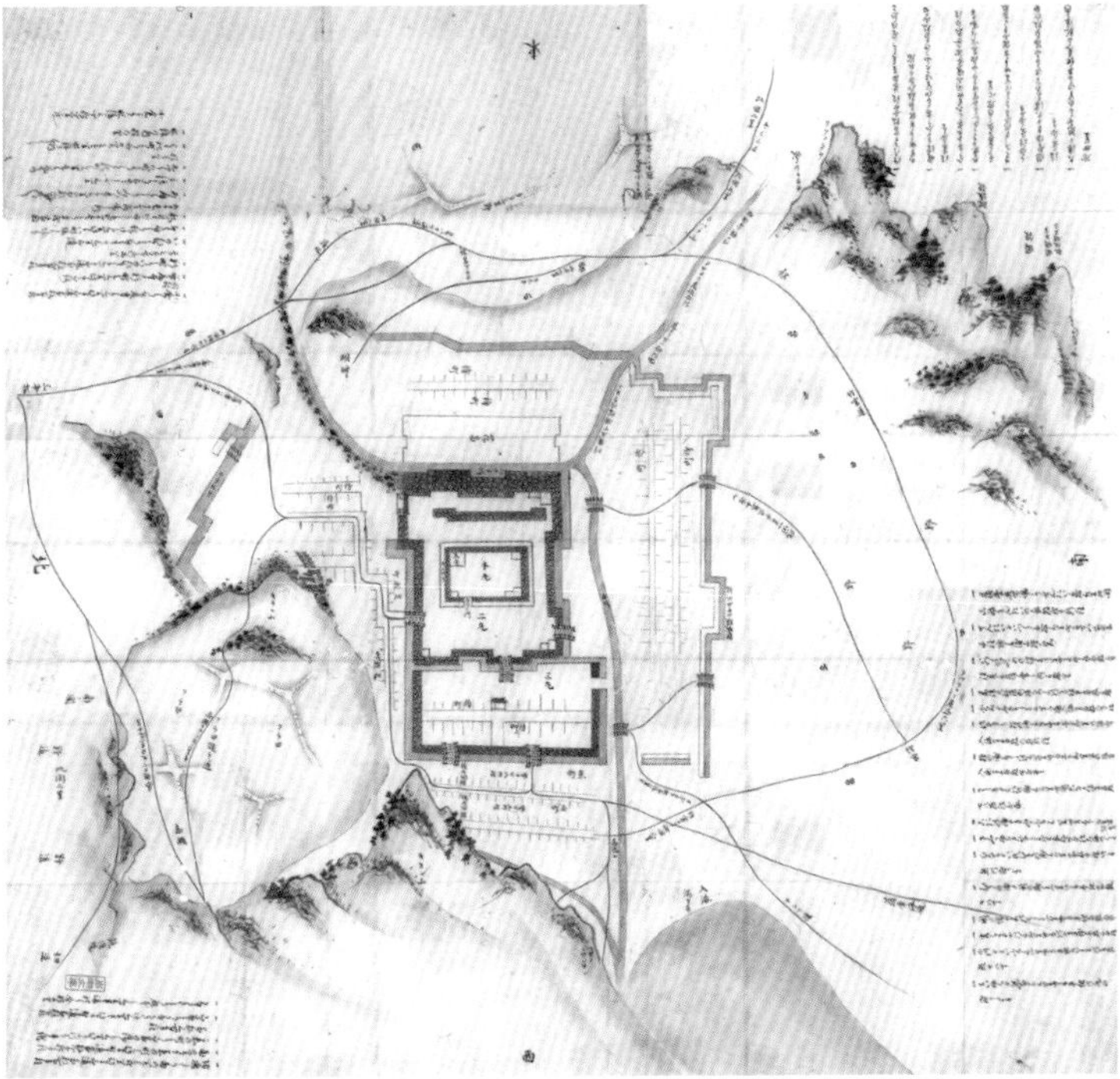

『**肥後熊本城図**』　熊本城とその周辺を簡略化して描かれた地図。上側が東になっている。（西尾市岩瀬文庫蔵）

そのほか、白川の上流で水源涵養林を植えて土砂崩れ防止や水源の浄化を行うなど、水運産業も活性化させました。この工事によって河川の氾濫などの水害が収まったことで、水田の規模も大きくなります。これにより住民の生活も安定し収入が増え、藩の財政も潤うことになりました。

城下町の整備で熊本城を堅固に

城下町整備でいうと、多くの寺院を城下に招致し、区画の中央にそれぞれ寺院を配置しました（92ページ）。これは、戦《いくさ》になった際、家臣の休養や治療にあてる拠点とするためだといわれています。また、朝鮮出兵で雇った浪人たちをそのまま召し抱えたため、家臣の暮らす場所も必要でした。彼らが住む武家屋敷を京町《きょうまち》の町人地の外側に配置し、城下町を拡張することで、住居問題の解決と防衛力向上につなげました。

慶長16年（1611）、清正は京都へおもむき、徳川家康と豊臣秀頼の面会を成立させました。

のちに「二条城の会見」と呼ばれるものです。面会に尽力した清正でしたが、帰国の途中、病にかかってしまいます。配下や住民からあつく信頼され、現在も「清正公《せいしょこ》さん」と愛される加藤清正は、その最期を熊本で迎えました。

八代城跡　元和5年（1619）に麦島城が地震で崩れたため、加藤忠広の命でつくられた。石垣に石灰岩が使われている。

小天守の完成で籠城戦にも備える

清正の跡目を継いだのは3男の忠広《ただひろ》でした。当時11歳という年齢もあり、加藤家は家臣5人による年寄合議制に移行しました。さらに慶長20年／元和元年（1615）のいわゆる一国一城令で加藤氏肥後藩の城は、熊本城と、薩摩藩への備えのために特別に許された八代《やつしろ》城の2城だけとなります。この間の慶長19年（1614）に、小天守が増築されたといわれています。

大天守と小天守では石垣の積み方が異なり、勾配も大天守のほうがゆるやかで、築城年代の違いが表れています。また、大天守は戦闘向きのつくりとなっており、小天守には台所や井戸がつくられ、籠城をさらに意識したものになりました。

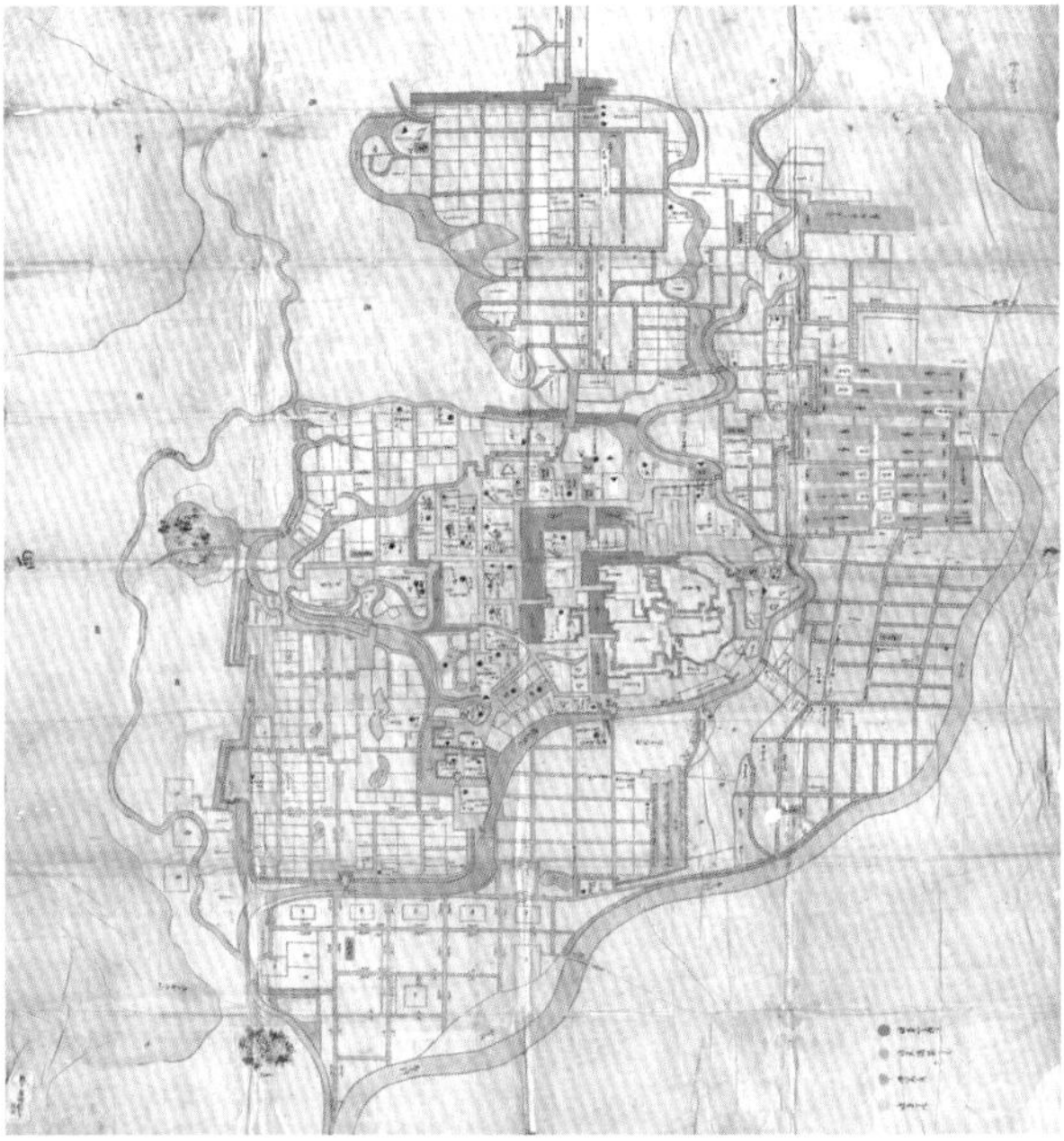

『熊本屋鋪割下絵図』　熊本城を中心に城下町とそれを囲む堀まで描かれた絵図。堀の配置から薩摩のある南を意識しているのがわかる。（熊本県立図書館蔵）

本妙寺　清正が肥後藩主になると城下に招致された菩提寺。慶長19年(1614)に現在地に移された。

八代城には家臣の加藤《かとう》右馬允《うまのじょう》正方《まさかた》が城代として任命され、加藤家の筆頭家老となります。それまでは加藤美作《みまさか》が中心となっていたため、家臣間の力関係が変化し、権力争いが激化してしまいました。

元和4年（1618）に幕府が介入するほど権力争いは激しくなり、美作派が一掃されます。藩主である忠広は、お家騒動にもかかわらず罪を問われませんでした。

肥後藩加藤家は2代で滅びる

3代将軍徳川家光の時代になると、忠広に対する幕府の態度が変わります。忠広の息子、光正の不祥事をきっかけに、国政の乱れが浮き彫りになりました。その結果、寛永9年（1632）に忠広を改易し、出羽丸岡藩の形だけの藩主とします。出羽の酒井氏の監視下におき、忠広の息子2人も飛騨高山と上野《こうずけ》沼田に預けられ、加藤家は熊本城を没収されることになりました。

加藤家に代わって熊本城主となったのは、家光の九州政策に関わり信頼を高めていた、豊前小倉藩主の細川忠利《ただとし》でした。父親の忠興《ただおき》、祖父の藤孝《ふじたか》（幽斎《ゆうさい》）と3代にわたり文武ともに有名で、島津氏ににらみがきくという点でも、城主として申し分ありませんでした。

忠利は熊本城入城の際、清正の菩提寺である本妙寺に向かって、あなたの城をお預かりしますと述べたと

『細川忠利像』　徳川秀忠から一字をもらい、徳川家の養女を嫁にしたのは忠広と同じ。しかし、藩主としてはまったく違う道を歩んだ。(永青文庫蔵)

されます。死後も住民から人気の高かった清正への配慮は、人心安定のためにも必要なことでした。

熊本城の修理を幕府に申請する

寛永11年（1634）に細川忠利は『肥後国熊本城廻普請仕度所絵図』というものを幕府に提出しました。熊本城入城の2年後のことで、その内容は熊本城の修理や拡張を幕府に申請するものでした。

寛永2年（1625）に熊本は大地震にみまわれ、天守や櫓、それを支える石垣が損傷し、焔《えん》硝蔵《しょうぐら》も爆発したとあり、被害はかなりのものでした。当時の城主である加藤忠広に熊本城の修復をする財政的な余裕はありません。検地を行い増収を図りますが、農民はそれに耐えかね肥後の外へ次々と移住してしまい、荒地が増える結果となりました。忠利は財政改善に奔走しつつ、熊本城の修復にあたることになります。

忠利は本丸御殿の修復の際には、風流をつくして別荘のように扱われていた花畑屋敷で生活するようになりました。忠利は、他藩の大名たちに、たびたび地震に揺れるので本丸御殿にはいられず、城下の広い花畑屋敷に住んでいるという趣旨の手紙を送っています。災害による熊本城の修復は何度も行われることになりました。

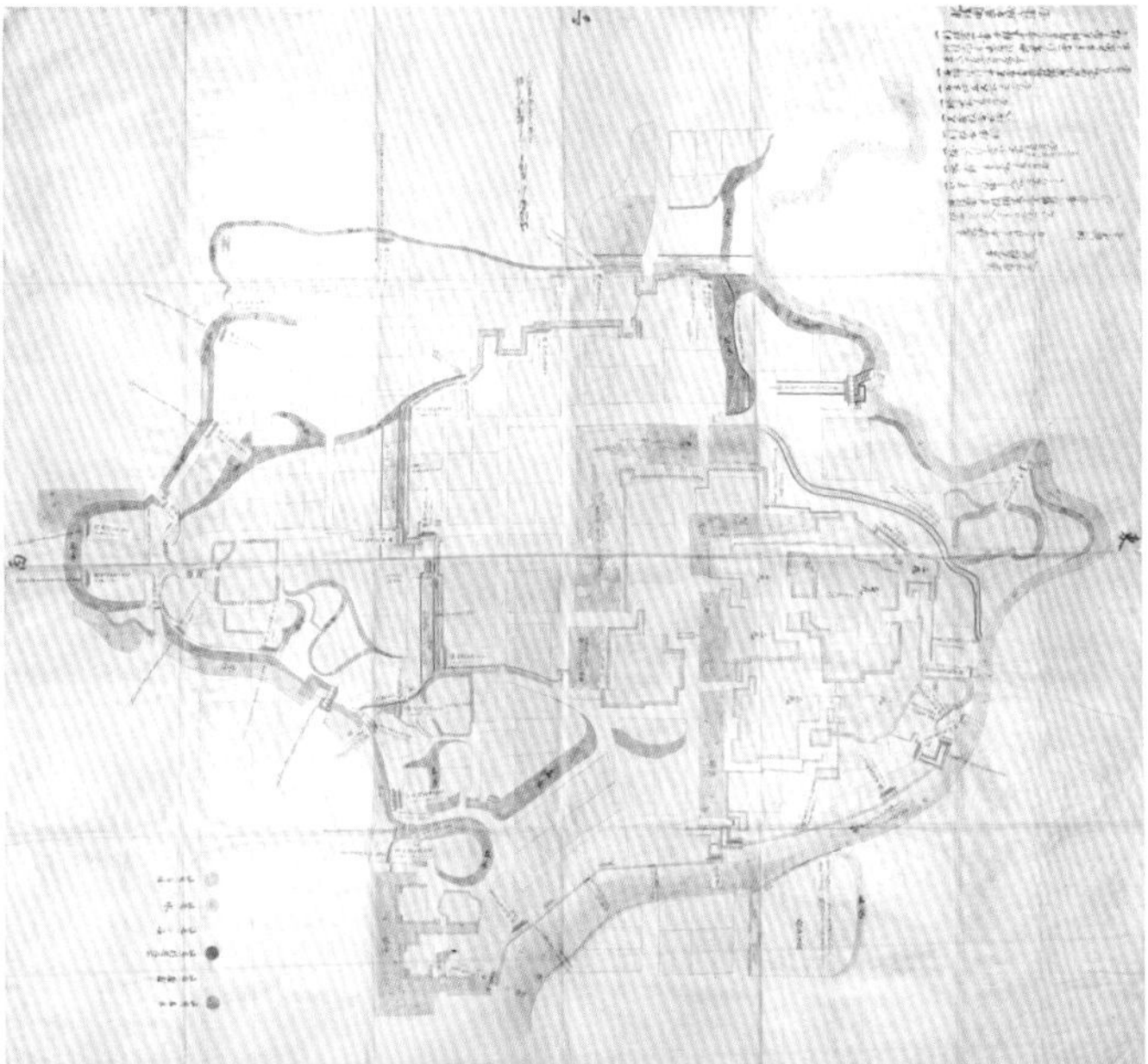

『肥後国熊本城廻普請仕度所絵図』　寛永11年（1634）、忠利が幕府に熊本城の修理の許可を得るために申請。扉や雨戸がうまく閉まらない状態だった。（熊本県立図書館蔵）

近代国家の幕開けのさなかに焼失した熊本城天守

佐賀の乱から士族の蜂起が相次ぐ

細川家熊本藩6代藩主細川重賢《しげかた》の藩政改革「宝暦改革」の成果の1つである藩校・時習館《じしゅうかん》が廃校になったのは、明治3年（1870）のことです。武士だけではなく住民であっても優秀ならば入学可能で、幕末には横井小楠《よこいしょうなん》を輩出しました。翌年に廃藩置県が行われ、熊本城に鎮西《ちんぜい》鎮台が設置、のちに改称されて熊本鎮台となります。

明治7年（1874）、熊本鎮台は、明治政府への不平を募らせた士族たちが起こす「佐賀の乱」の鎮圧にあたりました。明治9年（1876）には廃刀令に反抗した神道思想の士族たちが反乱を起こします。これが、熊本鎮台司令官や県令を襲い、一晩で壊滅する「神風連の乱」です。

谷干城の銅像　西南戦争時の熊本鎮台司令長官。土佐藩出身。坂本龍馬とも親交があった。

この2つの士族の反乱では、熊本で暮らす旧熊本藩主の息子、細川護成《もりしげ》の擁立を企む熊本士族の動きがありました。熊本藩主の影響力は廃藩置県後も大きく残り、その後も不平士族の反乱は全国各地で起こります。最も規模が大きいものは日本最後の内乱と呼ばれる「西南戦争」であり、熊本城がその主戦場となってしまいました。

炎上する天守と城下町

明治10年（1877）、西郷隆盛が鹿児島で挙兵します。熊本県南部まで進軍した頃、熊本鎮台の司令長官・谷干城《たにたてき》は、熊本城で籠城の準備を進めていました。

両軍の激突が近づくなか、突然、熊本城天守が炎上します。3時間ほど燃え続け、熊本城の象徴である天守は焼失しました。この火災には、攻撃目標になるのを避けるため鎮台側がみずから燃やしたとされる自焼説、薩軍に味方する人物の放火説、不注意による失火説などさまざまな説がありますが、解明には至っていません。強風にあおられた大きな炎は城下町まで飛び火し、市街地のほとんどが焼け崩れました。

『鹿児島戦記〔熊本城の戦〕』 楊洲周延《ようしゅうちかのぶ》によって明治10年（1877）に描かれた西南戦争の様子。（国立国会図書館蔵）

50日以上に及ぶ籠城

天守の炎上から3日後、薩軍は熊本城に総攻撃をしかけます。薩軍1万3000に対し、籠城する鎮台兵は3500人でした。薩軍の元鎮西（熊本）鎮台司令長官の桐《きり》野《の》利秋《としあき》は、熊本城を青竹1本で落とせると甘く見ていました。薩軍は三の丸下の段山という場所を熊本城攻略の足がかりとします。鎮台側も奪回を試みた結果、激戦となった末、薩軍はこの局地戦に敗れ動揺します。

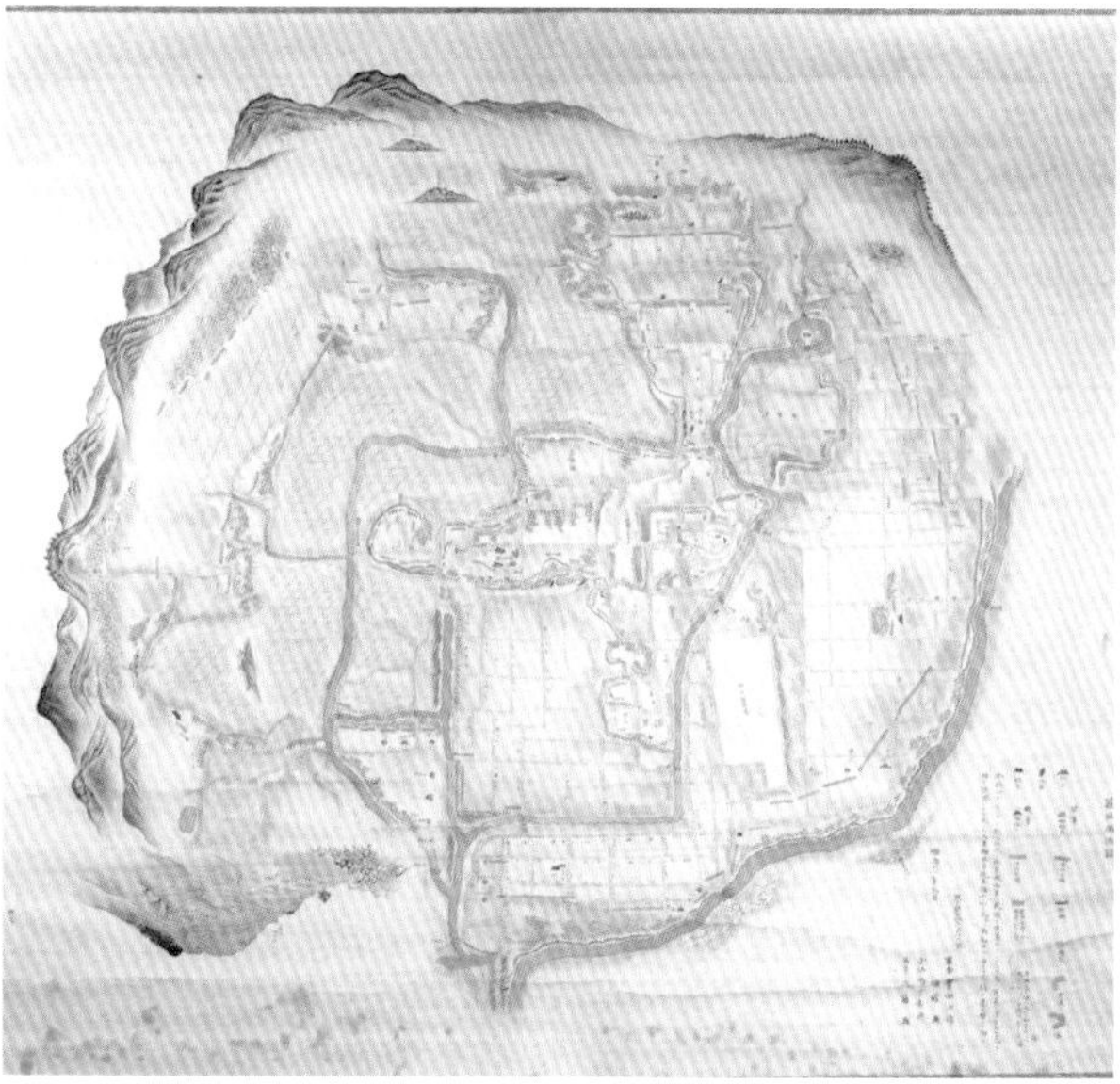

『両軍配備図』 明治10年（1877）に起こった西南戦争直後に、両軍の戦力の配置状況を描いた絵図の複製。（熊本博物館蔵）

薩軍は方針転換を余儀なくされたため、熊本城を包囲しつつも、別働隊を組織します。鎮台兵の援軍として南下してくる官軍を阻止するためでした。

そして、西南戦争最大の激戦と呼ばれている田原坂《たばるざか》の戦いで薩軍が敗れると、西郷隆盛は熊本城をあとにします。その際「官軍ではなく清正公に負けたのだ」と口にした、といわれています。熊本城籠城開始から50日以上経過しており、近代戦の戦闘でも熊本城は堅固であることを証明したのです。西南戦争は7か月間続き、西郷隆盛の自決により終息を迎えます。

市民の思いで再建した天守

明治22年（1889）に熊本城は地震に見舞われました。マグニチュード6・3と推定され、熊本西部（金剛山付近）が震源地だったとされます。石垣崩落42か所、膨らみ20か所、崖崩落7か所と大きな被害を受けました。

復旧費用は約10万7000円、現在の金額では35億円に相当します。熊本城の価値は西南戦争による籠城での戦果により高まりました。政府にとっても勝利の象徴であり、その結果、陸軍主導のもと石垣のほとんどが修復されました。

その後も熊本城の保存の気運は高まります。昭和2年（1927）に寄付金を集め宇土櫓を解体修理します。昭和8年（1933）には残存していた建物が国宝に、石垣や堀は史跡に指定されました。

そして、昭和35年（1960）に熊本市制70周年と清正公350年祭を記念し、大小の天守が鉄骨鉄筋コンクリートで復元されました。総工費の1億8000万円には多額の寄付金が含まれており、天守の再建は市民が待ち望んだものでした。

再建後の天守の古写真　昭和35年（1960）、市民からの多額の寄付があり再建した天守。

震災から未来へ

大規模な文化財の崩壊と復興する熊本城の様子

熊本地震による被害は広範囲に及んだ。熊本城も当然、その影響は大きく、文化財への被害としては、これまでに類を見ないほどの規模となった。しかし、ただ復興するだけではなく、その逆境をうまく生かして未来へとつなげていこうとしている。

石垣や重要文化財が多数崩壊　総額634億円にもなる被害金額

平成28年（2016）4月14日の夜、マグニチュード6・5の地震が熊本県を襲いました。益城町《ましきまち》では、気象庁の定めた10段階の震度階級のうち最も大きい震度7を観測しています。

激甚災害に指定されるほどの熊本地震の被害は当然、熊本城にも及びました。熊本城には重要文化財に指定されている建物が13棟あります。この13棟もすべて被災、そのうち東十《じゅう》八間《はちけん》櫓《やぐら》と北十八間櫓は全壊してしまいました。400年以上前から現存する宇《う》

地震後の天守　大天守の屋根を見ると、瓦が剝がれ、下に敷かれていた土が見えてしまっている。（熊本城総合事務所提供）

土櫓《とやぐら》は屋根や外壁の破損ですみましたが、そこにつながる続櫓《つづきやぐら》は倒壊してしまいました。

　このほかに、史料などを元に復元された復元建造物20棟も被害を受けました。飯田丸五階櫓《いいだまるごかいやぐら》や戌亥櫓《いぬいやぐら》などは、建物の下にある石垣が崩壊して、建物自身も倒壊の危険性がありました。大天守は昭和35年（1960）に再建され、鉄筋コンクリートでつくられていたため、比較的形は崩れませんでしたが、屋根の瓦が剝がれ落ちていました。

　最も被害が大きかったのは、熊本城各所にある石垣です。熊本城にある石垣は973面、約7万9000平方メートルにもなります。そのうち、229面、約8200平方メートルの石垣では崩落が起きました。また崩落こそ起きなかったものの、石垣の緩みや膨らみが認められた石垣は517面、約2万3600平方メートルで、全体の約3割にも及びます。

特別見学通路　復旧工事の様子を見せるためにつくられた350メートルの通路。熊本城の遺構を傷つけないよう工夫されている。

震災直後の飯田丸五階櫓　隅石だけで支えられている様子から「奇跡の一本石垣」と呼ばれていた。（熊本城総合事務所提供）

何度も大きな地震に遭いながら そのたびによみがえってきた熊本城

　熊本城が地震で被害を受けたのは今回が初めてではありません。寛永2年（1625）、加藤清正時代の熊本城が地震によって大きな被害を受けたことが記録に残っています。

　当時、大地震に遭った熊本城へ、豊前国《ぶぜんのくに》小倉《こくら》藩（現在の福岡県北九州市）の細川忠利《ただとし》が見舞いとして使者を2人送っています。その使者によると、天守の瓦は剝がれ、城内の家々の梁《はり》も落ち、さらには焰硝蔵《えんしょうぐら》（火薬庫）から出火して爆発を起こしていた、と報告されています。

地震から7年後に細川忠利が熊本城に入城した際にもその傷痕は癒えていませんでした。加藤家の時代に城の修繕が進んでいなかったことや、その管理のずさんさに呆れて批判していたようです。

また明治22年（1889）にも推定マグニチュード6・3の地震が熊本城を襲いました。この被害に関しては『震災ニ関スル諸報告』（宮内庁宮内公文書館蔵）としてまとまっていて、具体的な被害をうかがい知ることができます。

『旧熊本城西出丸　第六師団火薬庫崩壊之景』 明治22年（1889）の地震で、西出丸の火薬庫が崩壊した様子を撮影した古写真。（国立科学博物館蔵）

崩れた石一つひとつへ番号を振る 熊本城復興への第一歩

熊本城の復興は、地震が起きた平成28年（2016）5月から始まりました。といっても、いきなり復興というわけにはいきません。まずは崩落して道路などに転がっている石材の撤去や、調査、建造物の崩壊防止、それに割れた地盤の雨水対策などから始めなければいけませんでした。

とくに石材は、ただ撤去すればいいというわけではありません。崩落した石材は、江戸時代から残る貴重な文化財です。それゆえ、それら1つひとつに番号を振って回収場所へと運び、また元通りに組み直せるように、大切に保管することになりました。

さらに、工事車両が被災現場へ入るための道もつくられました。天守は敵に容易に攻め込まれないようなつくりになっています。それはつまり、大きな車両が入れないということ

崩落した石材に振られた番号 地震で崩壊した石垣の石材には、このように番号が振られ回収場所で保管されていた。（熊本城総合事務所提供）

でもあります。震災から1年後、ようやくクレーン車が入れるようになりました。

また修復の際、被害状況はもとより、修復の流れなどをきちんと記録するように熊本城調査研究センターの担当者が指示を出しています。これは石垣の構造の史料が乏しいため、その史料として記録しています。そのほか、修復される過程を記録しておけば、次に石垣が崩れた際に役立てるため、修復技術をほかに伝えるためでもあります。

震災はつらいことでしたが、それをそのまま終わらせないという前向きな考えのもと、復興は進められました。このような経験を生かそうという動きになったのは、熊本城の被災で直接的な被害者がいなかったことが大きな要因だといわれています。昼に地震があれば多くの死傷者が出たはずですが、深夜だったため、人的被害がありませんでした。

世界中に広がる復興支援の輪

完全復興までの長い道のり

復興工事が進むなか、熊本城の二の丸広場ではウィーン・フィルハーモニー管弦楽団4名による復興祈念公演が開かれました。このような応援イベントは続き、おもてなし武将隊を呼んでの催し物なども行われました。おもてなし武将隊とは、その地に縁のある武将に扮して観光案内や演舞などのパフォーマンスを行う集団のことです。発祥は諸説ありますが、平成21年（2009）、名古屋で結成されたのをきっかけに、今では全国のさまざまな城で同様の集団が活躍しています。

熊本の人々だけではなく、全国、さらには世界中へ復興支援の輪が広がり、多くの寄付が集まりました。

そして令和3年（2021）に天守全体の復旧が完了し、公開されました。熊本城の完全復興は当初の2037年から延びて、2052年になる見通しです。

復興祈念公演の様子　平成29年(2017)「ウィーン・フィルハーモニー音楽復興基金」の一環として行われた事業、ウィーン・フィルハーモニー管弦楽団による復興祈念公演の様子。(サントリーホールディングス提供)

Part 1 熊本城を歩く

加藤神社から見た天守

熊本城地図

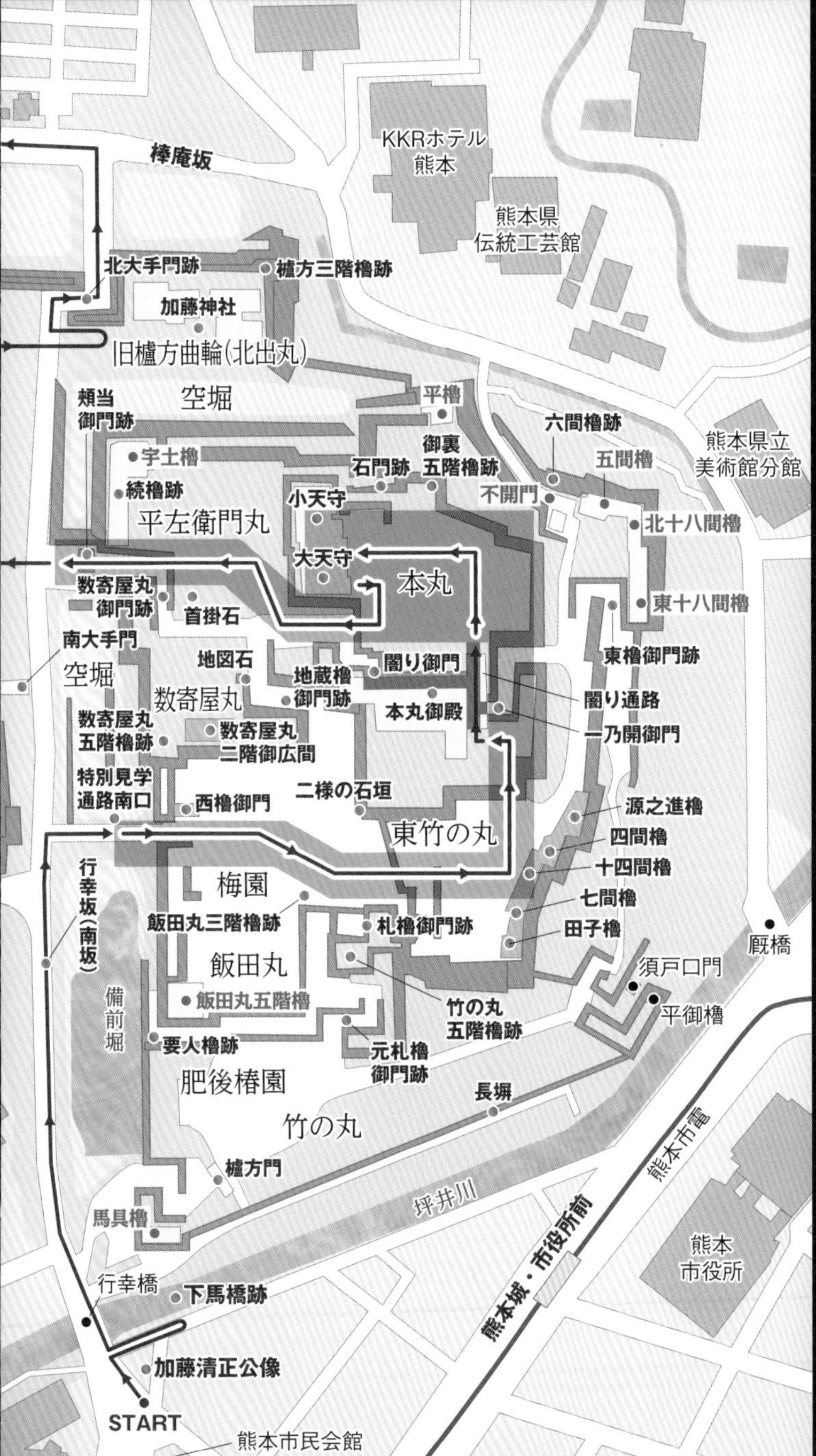

熊本城は現在、特別見学通路に沿って見学することになる。まずは飯田丸や竹の丸の厳重な備えに注目したい。闇り通路や西出丸など、大手方向から本丸を守る仕掛けも必見だ。

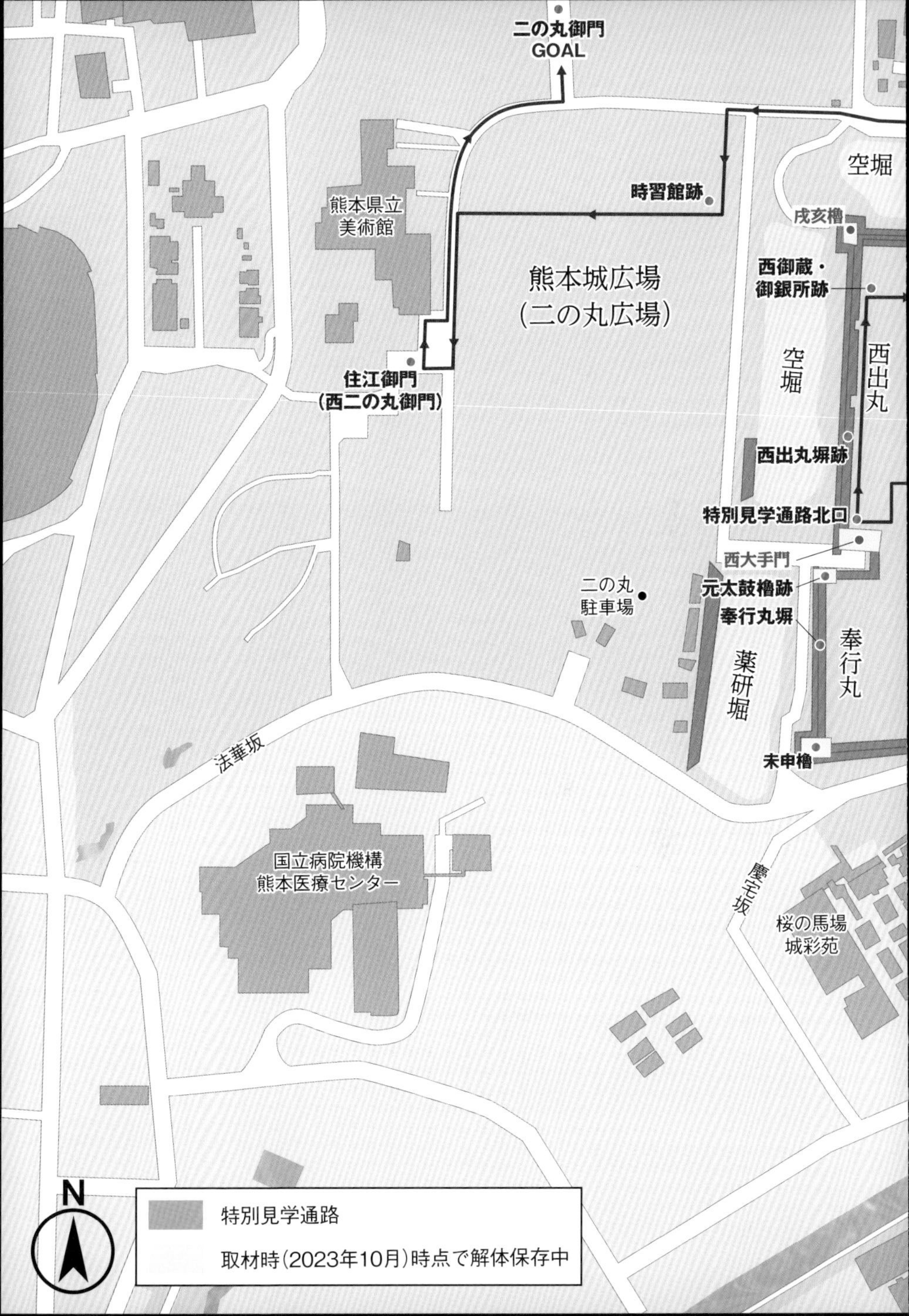
二の丸御門
GOAL
空堀
時習館跡
熊本県立
美術館
戌亥櫓
西御蔵・
御銀所跡
熊本城広場
(二の丸広場)
西出丸
空堀
住江御門
(西二の丸御門)
西出丸塀跡
特別見学通路北口
西大手門
元太鼓櫓跡
二の丸
駐車場
奉行丸塀
奉行丸
薬研堀
未申櫓
法華坂
国立病院機構
熊本医療センター
慶宅坂
桜の馬場
城彩苑
N
特別見学通路
取材時(2023年10月)時点で解体保存中

城内 1

坪井川に沿って広がる「竹の丸」

国内最大級の「長塀」

「熊本市民会館」と「国際交流会館」に面した交差点に立つと、正面に熊本城の天守がよく見えます。城との間には坪井《つぼい》川が流れており、「行幸《みゆき》橋」が架かっています。明治35年（１９０２）に明治天皇が熊本へ行幸する際に新しくつくられた橋で、もとは下馬《げば》橋という木製の橋が20メートルほど東に架かっていました。

加藤清正像　甲冑と長烏帽子を身につけた陣中装束。

現在も川沿いの遊歩道に橋の跡を見つけることができます。遊歩道の手前には、「清正公《せいしょこ》さん」として熊本の人々に親しまれている加藤清正の銅像が立っています。

坪井川の対岸には「長塀」が見えます。下馬橋跡の向かいに建つ馬具櫓《ばぐやぐら》から、南東隅の平御櫓《ひらおんやぐら》までをつなぐ全長約２４２メートルの土塀は日本最長の規模を誇り、国の重要文化財に指定されています。

上部を白い漆喰《しっくい》、下部を黒い板張りで築いた塀と、塀の背後に2間（約３・６メートル）おきに建てられた68本の控石柱を上下２本の控貫《ひかえぬき》でつなぐ構造で、屋根瓦には細川家の家紋である「九曜紋」が刻まれています。江戸時代前期の『御城図』には10か所の石落と

長塀　坪井川に沿って、城南の守備を固めた。

長塀の控石柱（震災前） 上下に渡されている控貫は、上部を銅板で補強している。

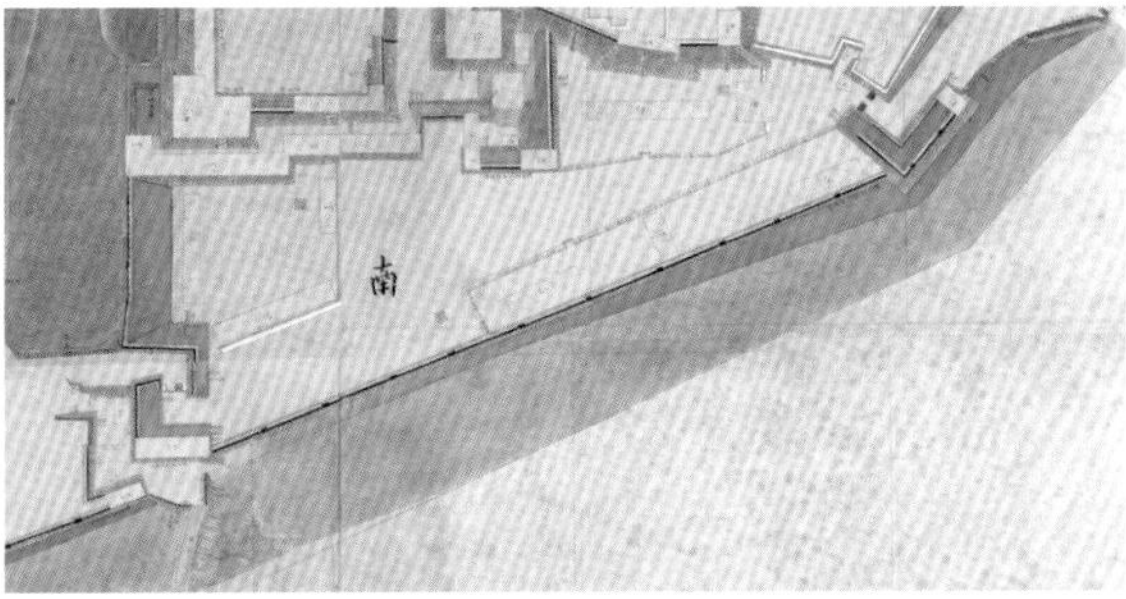

『御城図』（部分） 江戸時代前期に描かれたもの。川に沿って延びる塀には石落としが描き込まれている。（永青文庫蔵、熊本大学附属図書館寄託）

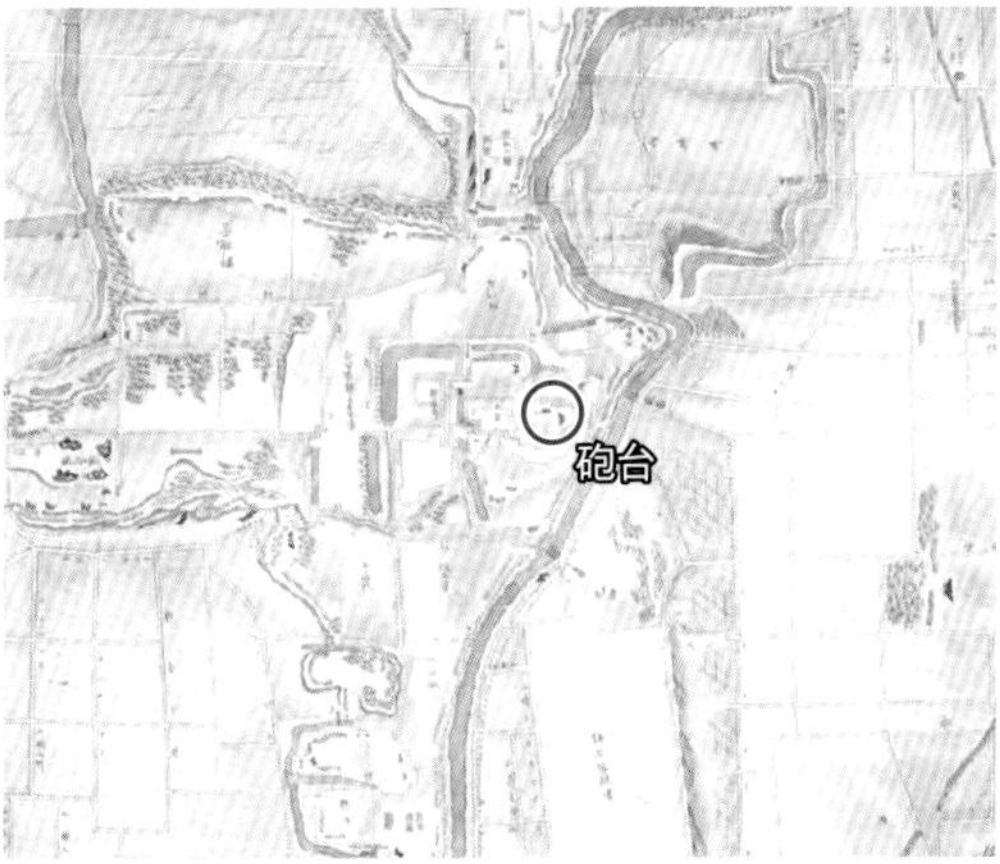

『両軍配備図』（部分） 城の外周に沿って並んだ黒い台形の印が政府軍の砲台。（熊本博物館蔵）

しが描き込まれているほか、狭間《さま》も設けられていたとされていますが、現在はどちらも見られません。江戸時代以降の改修時に失われたとみられます。

明治10年（1877）に起きた西南戦争の際には、塀に沿って政府軍の砲台が置かれ、石垣下の土手には地雷が設置されました。『両軍配備図』では、無数の砲台が城外をにらむ様子が見てとれます。

平成28年（2016）の熊本地震では東側約80メートルが倒壊、控石柱は68本のうち約40本が折れる被害を受けました。同年12月から約4年にわたる復旧工事の末、令和3年（2021）に完全復旧を遂げました。

長塀が建つ「竹の丸」の整備が完了したのは、旧白川の流路付け替えの影響もあり、本丸が完成をみた慶長17年（1612）以降だったと考えられています。細川家熊本藩6代藩主細川重賢《しげかた》が家臣の精神修養を目的として園芸を奨励したことに端を発する「肥後名花園」があり、震災前は熊本市民の憩いの場となっていました。

肥後椿《つばき》、肥後芍薬《しゃくやく》、肥後花菖蒲《はなしょうぶ》、肥後朝顔、肥後菊、肥後山茶花《さざんか》を指して「肥後六花」と呼びますが、肥後名花園では肥後六花を含む季節の草花を楽しむことができました。現在は入場規制区域

馬具櫓（震災前） 手前角にななめに張り出した石落とし、側面に格子窓が見られる。

櫨方門（震災前） 櫨方門からの入場が最も天守へ近かった。

のため立ち入ることはできませんが、肥後名花園で栽培した草花を城内の休憩所などで展示する取り組みが行われています。

城南守備の要となった「馬具櫓」

行幸橋を渡って城内に入ると、右手奥（東）に「馬具櫓」の石垣が見えます。馬具櫓は、下馬橋の正面に建つ平櫓で、馬具を保管していたとされていますが詳細はわかっていません。両端に石落としを備え、狭間や格子窓からも攻撃が可能で、城の南方防衛の要であったと考えられています。

築城時の建物は西南戦争前に解体され、平成26年（2014）に木造で復元されましたが、熊本地震の余震によって南西部分の石垣が崩落しました。建物は地震後に解体保存工事が進み、現在は石垣のみが残っています。

馬具櫓跡の奥には「櫨方《はぜかた》門」があります。櫨とはろうそくの原料となるハゼの実のことで、それを管理する役所が北出丸にあり、「櫨方丸」と呼ばれていました。もとは北出丸に建っていた長屋門でしたが、戦後に熊本城を一般公開する際、現在の場所へ移築されました。

震災前までは竹の丸入場口として入場券の販売所になっていましたが、地震の影響で壁などに損壊が見られ、立ち入り規制区域となっています。

古城から武家屋敷を経て観光施設へ

行幸橋を渡った西側には「桜の馬場　城彩苑《じょうさいえん》」があります。平成23年（2011）3月に九州新幹線の全線開業に合わせてオープンした商業施設で、江戸時代の城下町を模した桜の小路には食事処や土産《みやげ》物店が軒を連ねます。

　城彩苑と、その西に位置する国立病院機構熊本医療センター、熊本県立第一高等学校などを含めた一帯は、熊本城の前身となった「隈本《くまもと》城（古城《ふるしろ》）」があった場所でした。のちに現在の場所に本丸が移ると、桜の馬場は若殿屋敷に、古城一帯は上級家臣の武家屋敷に転用されます。

　古城の防衛を目的として築かれた石垣や水堀は、そのまま屋敷の防衛設備として残されていたようです。城彩苑の敷地は江戸時代中頃以降、御用屋敷や掃除方用屋敷として使用され、明治から大正期には陸軍用地として利用されました。

「行幸坂」から「備前堀」を見る

　行幸橋からまっすぐ延びるのが「行幸坂」です。かつては南大手門に通じることから「南坂」と呼ばれ、防衛の観点から勾配も急でしたが、行幸橋を新設した際にゆるやかな勾配へと改修し、道の両側には桜が植えられました。坪井川沿いと合わせて桜の名所として知られます。

　行幸坂の右手（東）に広がるのが、熊本城内唯一の水堀である「備前《びぜん》堀」です。城内にはいくつかの空堀がありますが、城の南東を流れる坪井川が内堀の代わりとなっていたため、水堀はこの1か所のみでした。加藤家が藩主を務めていた時代に、前国主の佐々《さっさ》成政《なりまさ》の一門である佐々備前守直勝《さっさびぜんのかみなおかつ》がこの近くに屋敷を構えていたことから、備前堀と呼ばれるようになったとされています。

桜の馬場 城彩苑　飲食店や土産物店が立ち並ぶ。左に見える緑色ののれんは総合観光案内所。

備前堀　城内で唯一の水堀。

城内 2

天守の南西を固める「飯田丸」

曲輪を上から見学「特別見学通路」

行幸坂を北へ直進すると、特別見学通路の南口にたどり着きます。入場ゲートをくぐり、特別見学通路につながる階段を上ると、北側に空堀が見えます。2つの土橋の間に掘られた空堀で、城の西側を防衛する役割を担っていました。

備前堀北側の空堀

特別見学通路を東へ進むと、左手（北）に見えてくるのが「数《す》寄《き》屋《や》丸《まる》二《に》階《かい》御広間《おんひろま》」です。おもに接客の場として用いられていた建物ですが、特別見学通路から見える南面には、石落としや狭間が確認できます。防御施設としての設備も整えていたことがわかります。

熊本地震によって建物の外壁に損傷が生じ、南面の石垣が一部崩落し、崩落部分の建物にたわみが生じました。特別見学通路からは、ぽっかりと空いた崩落部

数寄屋丸二階御広間（南面） 建物の下部には等間隔で並ぶ狭間が確認できる。

分と、たわんだ建物がよく見えます。また、数寄屋丸二階御広間の西に隣接する「数寄屋丸五階櫓」跡の石垣も崩落し、修復工事が進められています。

城南をにらむ「飯田丸五階櫓」

特別見学通路を挟んで数寄屋丸二階御広間の南側に広がるのが「飯田丸」です。その名は加藤家の重臣・飯田《いいだ》覚兵衛《かくべえ》が曲輪を管理していたことに由来するとされます。細川家の統治に移ってからは、曲輪の位置関係から「西竹の丸」とも呼ばれるようになりました。

飯田丸五階櫓跡　写真は行幸坂から。

飯田丸五階櫓（震災前）

現在、曲輪内に櫓などの建物を見ることはできませんが、曲輪の南西隅では、「飯田丸五階櫓」の石垣の修復工事が行われています。西南戦争（１８７７）以前に不要建築物として撤去されましたが、平成17年（２００５）に古写真をもとに建設当時の工法を用いながら木造で復元されていました。

奇跡の一本石垣（熊本城総合事務所提供）

熊本地震で石垣の南面と東面が大きく崩落し、倒壊の恐れが生じたため、保存解体が行われました。地震発生直後には、南東隅の石（隅石）のみで櫓を支える様子が「奇跡の一本石垣」と呼ばれ、話題になりました。

西側を備前堀に面するように建てられた飯田丸五階櫓は、南坂（現在の行幸坂）や竹の丸から侵入してくる敵に備える南西面防衛の要でした。外観は三重、内部は5階建てになっており、曲輪の隅に沿ってL字に曲がった平櫓の上に二重櫓を載せた構造をとっていました。石垣からの高さは14・3メートルと、同

飯田丸・数寄屋丸古写真　南西から撮影。明治4年（1871）に撮影されたもの。（長崎大学附属図書館蔵）

時代につくられた他城郭の天守にも劣らぬ規模を誇ります。建物内部には台所や井戸、鉄砲蔵などが設けられており、籠城を想定した「小さな天守」としての役割を担っていました。

かつて、熊本城には飯田丸五階櫓を含めて5基の五階櫓がありました。飯田丸の東に建つ「竹の丸五階櫓」、数寄屋丸二階御広間の西に隣接していた「数寄屋丸五階櫓」、本丸の北東隅に建つ「御裏五階櫓《おんうらごかいやぐら》」、そして天守の西に広がる平左衛門丸《へいざえもんまる》の北西隅に建つ「宇土《うと》櫓《やぐら》」です。地図上でそれぞれの櫓が建っていた位置を見ると、天守をぐるりと囲むように配置されていることから、防衛意識の強さがわかります。

「飯田丸」内の「百間櫓」遺構

飯田丸の南西隅に建つ飯田丸五階櫓から、数寄屋丸五階櫓までを南北につないでいたのが「百間櫓《ひゃっけんやぐら》」です。曲輪の西側に沿って配され、途中に「西櫓御門《にしやぐらごもん》」を内包して続く平櫓で、飯田丸五階櫓と同じく西南戦争までに西櫓御門を残して撤去されました。

撤去前の明治4年（1871）に撮影された古写真

には、手前から低い位置に要人櫓、石垣の上に飯田丸五階櫓、屈曲しながら続く百間櫓、数寄屋丸五階櫓が並び立つ様子を見ることができます。現在、百間櫓の建物はありませんが、飯田丸五階櫓跡から続く石垣が残っています。

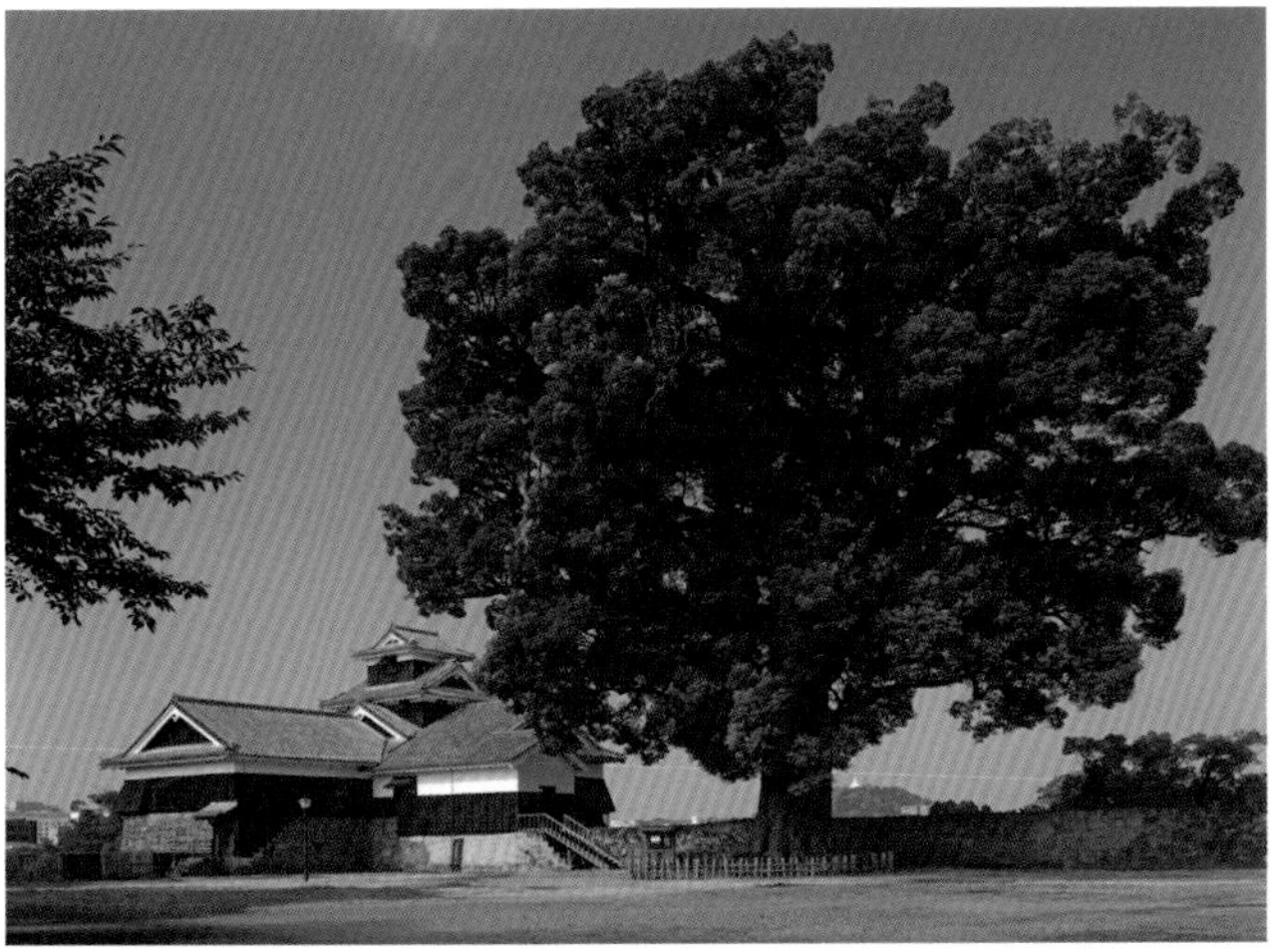

解体前の飯田丸五階櫓とクスノキ

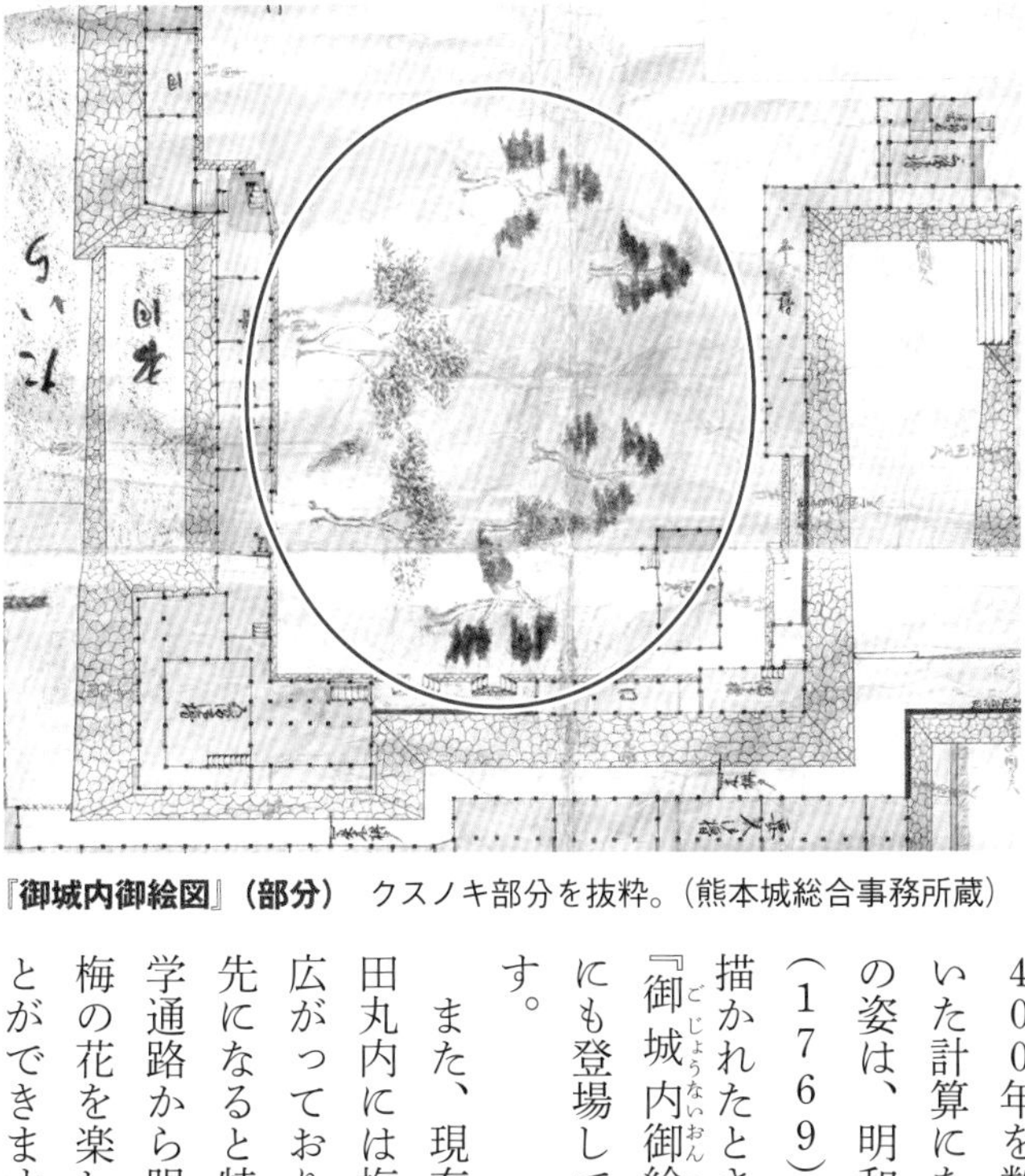

『御城内御絵図』（部分） クスノキ部分を抜粋。（熊本城総合事務所蔵）

建造物以外にも目を向けてみると、飯田丸五階櫓跡の北側に大きなクスノキが見えます。高さは約30メートル、幹回り約10メートル、樹齢はおよそ800年と推定されており、天守前の大銀杏をはじめとして大樹が多い城内でも有数の巨木です。築城当時すでに樹齢400年を数えていた計算になるその姿は、明和6年（1769）頃に描かれたとされる『御城内御絵図《ごじょうないおんえず》』にも登場しています。

また、現在の飯田丸内には梅園が広がっており、春先になると特別見学通路から眼下に梅の花を楽しむことができます。

石積みの粋を集めた「二様の石垣」

清正が生み出した「扇の勾配」

特別見学通路を道なりに進むと、通路が蛇行している辺りで、左手（北）に傾斜の異なる石垣が重なるようにして立つ様子が見えます。勾配や石の積み方の違いが明らかなことから、「二様《によう》の石垣」と呼ばれています。通路から見たとき、手前（右）に見える石垣は加藤清正が築いたもの、奥（左）に見えるのが細川家の時代に増築されたという石垣です。

清正の時代に築かれた石垣を見ると、細川家の時代のものよりも勾配が緩やかで、石垣の裾が広がっているのがわかります。扇を開いたように見えることから「扇の勾配」とも呼ばれており、加藤清正と近江国出身の石工集団「穴太衆《あのうしゅう》」が協力してその技術をつくり上げたといわれています。

現在は石垣を下から眺めることはできませんが、石垣の下部は30度ほどの傾斜で、登れるのではないかという錯覚を抱かせます。このような高く反った石垣は「武者返し」とも呼ばれます。

算木積みに歴史の経過が見える

細川時代に築かれたとされている奥の石垣は、清正の時代の石垣よりも勾配が急で、石垣の上部がほとんど垂直になっています。この差は、時代とともに石垣築造の技術が進歩したことによります。

どちらの時代の石垣も、石材をある程度加工して積んだ打ち込みハギとなっています。しかし、両時代の石垣を比べると、清正の時代の石垣は、隅石《すみいし》（石垣の角）の形や大きさはそろっているものの、平部（石垣の側面）の石は形や大きさが不ぞろいなものが散見されます。対して、細川家の時代の石垣は隅石だけでなく平部の石も形や大きさがある程度整っており、石材加工技術の向上がうかがえます。

最も差が見えるのは、隅石の積み方です。細川家の時代の石垣を見ると、横長の隅石を使って短辺と長辺を交互に積んでいることがわかります。これは慶長10年（1605）頃に完成した算木《さんぎ》積《づ》みと呼ばれる積み方で、石垣の中で最も崩れやすい角の部分を強固にするための工夫です。

清正の時代の石垣では、同じくらいの大きさの石がそのまま積み上がっています。算木積みが完成する前の、比較的古い積み方です。清正が重用した穴太衆の石工たちが各地で用いた技法であることから、穴太積みと呼ばれることもあります。

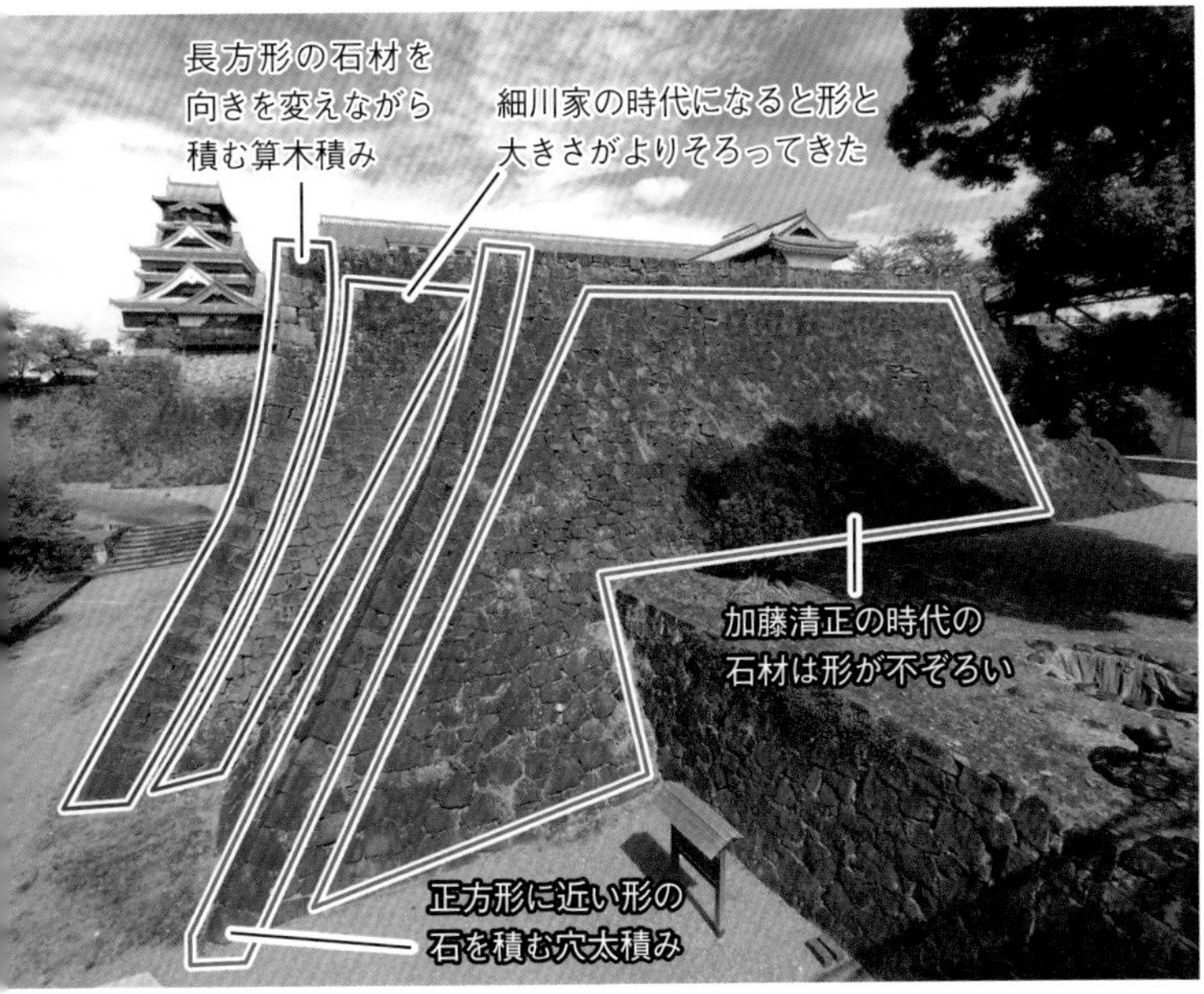
長方形の石材を
向きを変えながら
積む算木積み
細川家の時代になると形と
大きさがよりそろってきた
加藤清正の時代の
石材は形が不ぞろい
正方形に近い形の
石を積む穴太積み

二様の石垣（南から撮影）

加藤清正の
時代の石垣
石材の形や
大きさはまばら
細川家の時代の石垣
石材の形と大きさがそろっている

二様の石垣（西から撮影）

「連続枡形」を中心に敷かれた徹底的防御策

「竹の丸五階櫓」が枡形の核

二様の石垣から特別見学通路を挟んで南に見えるのが、竹の丸から飯田丸へ続く「連続枡形《ますがた》」です。国内の城跡でも類を見ない、6回の曲がり角をもつ通路で、途中に2つの門が設けられていました。

枡形とは、出入口や通路に名前のとおり四角い空間をつくり、石垣や櫓で囲むという近世城郭に共通の防御構造です。敵兵の直進を妨害し、勢いを削ぐとともに、櫓や石垣の上から攻め入ってきた敵兵を集中攻撃することができました。熊本城の場合、曲がり角が連続するため死角も多く、迎撃する側が圧倒的に有利なつくりとなっています。

二様の石垣から正面（南）に位置する階段の突き当たりには「竹の丸五階櫓」がありました。連続枡形はこの五階櫓を中心に折れ曲がっています。通路上から連続枡形の起点を見ることはできませんが、途中に数度石段を挟むことで、竹の丸と本丸付近に生まれる高低差も防衛の一手として生かす、緻密な設計がされています。

連続枡形　特別見学通路から撮影。石段を下って突き当たるのが竹の丸五階櫓跡。

枡形の最奥に控える「札櫓御門」

延宝2年（1674）以前に描かれたとされる『肥後国熊本城廻之絵図』を見ると、連続枡形周辺の建物の配置を確認することができます。

竹の丸から侵入した場合、飯田丸の南縁に沿って走

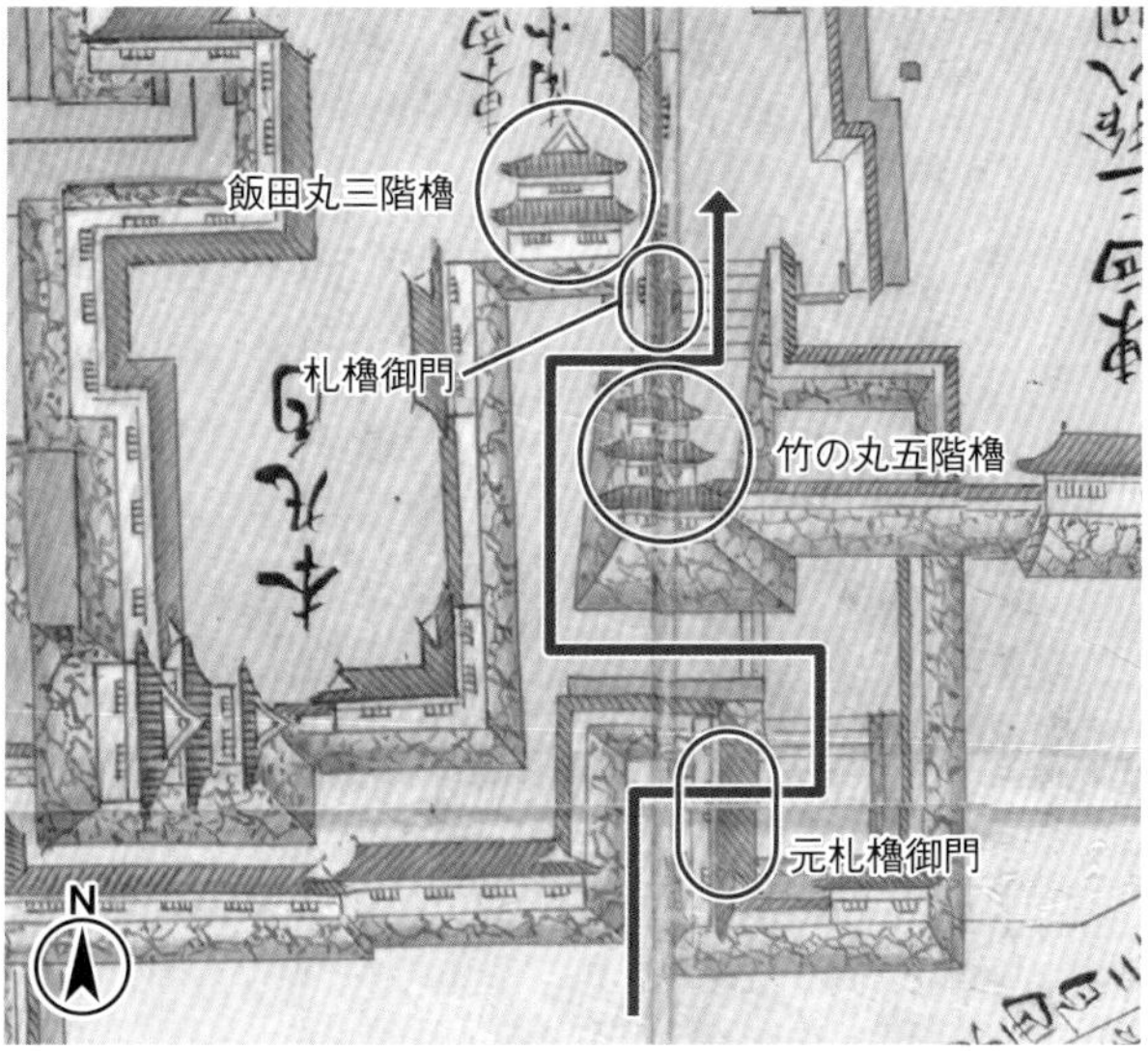

『肥後国熊本城廻之絵図』 S字を描くように6回曲がる通路の脇には石垣の上に櫓が立ち、2つの櫓門が立ちはだかっていた。（熊本県立図書館蔵）

る「茶櫓」に阻まれて右折（東）し、最初にくぐるのが「元《もと》札《ふだ》櫓《やぐら》御《ご》門《もん》」です。現在は門の跡が残るのみですが、南北方向に延びる櫓門が石垣の上に載っていました。

左右に石垣が並び立つ通路を直進すると、すぐに壁に突き当たります。左折（北）して石段を上り、またすぐに左折（西）すると、頭上に現れるのが竹の丸五階櫓です。通路は竹の丸五階櫓を取り囲むように続き、櫓の北側に位置する「札櫓御門」へとたどり着きます。門に阻まれた敵兵が左右を見上げると、南に竹の丸五階櫓、北には飯田丸三階櫓が現れる

東竹の丸と平左衛門丸への分岐。

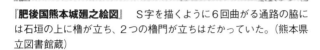

不ぞろいな石段(震災前)　(熊本城総合事務所提供)

構造で、それぞれの壁面には鉄砲狭間が並んでいました。どちらも現存はしません。

竹の丸五階櫓は、ほかの曲輪や櫓などと異なり、石段や武者走りなど、櫓へ上るための設備が確認できません。侵入経路を限定することで攻撃に専念することができる、計画的な構造をとっています。櫓台そのものが独立した方形で、櫓への移動は札櫓御門を通じて行うようになっていました。

札櫓御門の一階部分は通常の門扉で、二階と三階が設けてあり、この三階部分が竹の丸五階櫓の一階部分と同じ高さにつくられていたとされています。札櫓御門の南端が竹の丸五階櫓と通じ、北端は飯田丸に通じていました。

また、攻め入る敵兵にとって厄介だったのは、枡形構造と頭上からの攻撃だけではありません。もう1つの工夫は足元にありました。熊本城内の石段は、段の幅や高さがあえて不ぞろいにつくられています。高石垣と櫓群からの攻撃で、敵兵の意識は否が応でも頭上に向かいます。そのうえで、足元から崩しにかかるわけです。勢いに任せて駆け上がることを許さず、慎重にならざるをえない心理状態をつくり出す、考え抜かれた一手でした。

本丸への行手を阻む「地蔵櫓御門」

札櫓御門を抜けて石段を上ると、右手（東）が「東竹の丸」、左手（西）が飯田丸です。特別見学通路の下をくぐり抜け、天守に向かって北に進むと、飯田丸から本丸へと続く通路があります。特別見学通路から見える数寄屋丸の石垣の裏手（北）へと左（西）に曲がった通路は、先ほどの連続枡形と同じく左右を高石垣に囲まれ、数寄屋丸内の櫓が見下ろす構造となっていました。

地蔵櫓御門跡　画像左奥に門があった。右上は本丸御殿。

そのまま道なりに進むと、「地蔵《じぞう》櫓《やぐら》御《ご》門《もん》」跡へたどり着きます。地蔵櫓御門は札櫓御門と同じく一階部分が門扉で、三階部分が両脇の櫓と接続しており、行き来が可能となっていました。

地蔵櫓御門を解体した際、その礎石に阿弥陀如来像が彫られた板碑《いたび》が使われていたことが判明しました。碑の中央に阿弥陀如来像、左に「大永二年　壬午仲春廿日　時正　信心願主」と日付と彫手の号が刻まれています。門の解体時に取り除かれた板碑は、数寄屋丸二階御広間の北側に設置されており、現在は見学することができません。

また、数寄屋丸・平左衛門丸を経て本丸へと通じる北側の石段の一部には、仏塔の石材が使われている箇所もあります。転用石は織豊期の多くの城郭で見られ、熊本城の本丸周辺が整えられた慶長年間（1596〜1615）に、城郭の整備が急がれていたことを伝えます。

阿弥陀如来像が彫られた板碑

城内 5

築城当時の姿を残す「東竹の丸」

城の東を固める「東竹の丸櫓群」

二様の石垣と連続枡形を見終え、特別見学通路をさらに道なりに進むと、通路は大きく左（北）に曲がります。曲がり角から東側に見えるのが「東竹の丸」です。東竹の丸は、本丸の東側をコの字形に囲うように細長く延びた曲輪で、高石垣の上に平櫓が立ち並んでいます。築城当時の建物が城内で最も多く残っている曲輪です。

特別見学通路からは、東竹の丸に建つ平櫓のうちのいくつかを見ることができます。曲輪の南端から、木に隠れるようにして建っているのが「田子櫓《たご》」、その北隣に「七間櫓《しちけん》」「十四間櫓《じゅうよんけん》」「四間櫓《よんけん》」が続きます。ただし、四間櫓は木の陰に隠れてしまうため、通路から見るのは難しいかもしれません。

田子櫓と七間櫓は比較的規模の小さい平櫓ですが、十四間櫓はその名のとおり約25メートル（1間を1・8メートルとして計算）の長さをもつ多門櫓《たもん》（長屋形

東竹の丸櫓群　見学路から撮影。右から、田子櫓、七間櫓、十四間櫓。

城外から見た東竹の丸 外周の石垣に沿って、田子櫓・七間櫓・十四間櫓・四間櫓が続き、少し離れた位置に源之進櫓が見える。

状の櫓）です。城の南東に位置する熊本市役所最上階の展望台から撮影した写真を見ると、十四間櫓が左隣（南）に建つ七間櫓の2倍の長さをもっていることがわかります。

城の外側から見ると、田子櫓から四間櫓まで4つの櫓が連続しており、1つの建物のようにも見えますが、内部は櫓ごとに仕切られており、別の建物になっています。四間櫓から少し離れた位置に、直角に折れ曲がるような形で建つのが「源之進櫓《げんのしん》」です。それぞれの櫓の角には石落とし、壁には狭間が設けられており、石垣の下にいる敵兵を攻撃することが可能なつくりとなっています。

普段は武器や武具を納めておく倉庫として利用されており、臨戦時には駐屯地にも使われていたようですが、詳細はわかっていません。東竹の丸の南東に立ち並ぶ田子櫓から源之進櫓までの5つの平櫓は、西南戦争（1877）による焼失を免れ、いずれも国の重要文化財に指定されています。

築城当初は東にあった大手門

源之進櫓から東竹の丸の曲輪内を北へ進んだところ

東櫓御門跡（震災前） 右上（東）に建つのが東十八間櫓。突き当たりを左（西）に曲がったところに門があった。

不開門（震災前） 江戸期には限られた機会にしか開門しなかったが、震災前までは入城口の１つとして使われていた。

に「東櫓《ひがしやぐら》御門《ごもん》」跡があります。天守のほぼ真東に位置し、現在の見学可能エリアからは見ることができません。慶長7年（1602）以降に「西出丸」が完成し、「西大手門」や「南大手門」が大手門（城の正門）になるまでは、東櫓御門が熊本城の大手門とされていました。

2階建ての櫓門が東向きに建っており、門の正面は簡易的な枡形構造をもっていました。この門から入城した人の視点でいうと、門をくぐってすぐに左（南）に折れ、石段を上ると東竹の丸に通じるという形になっていました。

東櫓御門のすぐ北側に「不開門《あかずのもん》」がありました。東櫓御門と同じく二階建ての櫓門で、国の重要文化財に指定されていましたが、地震の影響で二階の櫓部分が倒壊し、保存解体が行われました。

城の北東（鬼門）に位置する不開門は、通常時は閉鎖されて「開かない」ことから、この名がついたとされています。陰陽道で不浄の気が出入りするとされる鬼門の方角を塞ぐこと、開け放つことの双方をよくないものとしており、門をつくったうえで閉鎖することで、この条件を満たしていました。不浄物や城内で出た死人を城外へ搬出するときにのみ使用されていたようです。かつては門の北側に「六間《ろっけん》櫓」が接続していましたが取り壊されています。

再建が待たれる北東の櫓群

不開門から城へ入った場合、正面（南東）に位置したのが「東十八間《ひがしじゅうはちけん》櫓」、東竹の丸の北東隅にくの字に折れ曲がるようにして建っていたのが「北十八間《きたじゅうはちけん》櫓」、北十八間櫓の西端に隣接していたのが「五間《ごけん》櫓」です。いずれも築城当時から現存する建物として国の重要文化財に指定されていましたが、不開門と同じく、

北十八間櫓(震災前)　奥に見えるのは東十八間櫓。

城外北東方面から東竹の丸と本丸を写す古写真　明治4年（1871）頃の撮影。左隅に写るのが北十八間櫓、右隣に続くのが五間櫓。右端に平櫓が写る。（長崎大学附属図書館蔵）

保存解体が行われました。

東十八間櫓は、約18メートルという城内でも屈指の高石垣の上に建てられた多門櫓です。櫓の東側は城外に面し、西側は城内の通路にややせり出す形で東櫓御門前の枡形を形成していました。石垣の下は芝地になっており、少し離れたところに坪井川が流れています。現在も、城の外周を反時計回りに歩くと、木々の向こうに櫓台の石垣が見えます。

東十八間櫓をはじめ、北十八間櫓、五間櫓のいずれにも狭間や石落としが配され、城外の敵を牽制する役目を果たしていました。また、かつては五間櫓の西側に六間櫓が存在し、櫓の南面を不開門と接続させていました。

本丸の東側をコの字形に囲んでいる東竹の丸の最北端に位置し、不開門へ続く坂道を見下ろすように建つのが「平櫓」です。その創建は清正時代ではなく、寛永9年（1632）に城主となった細川忠利《ただとし》によるものとされており、安政7年／万延元年（1860）に再建された建物が国の重要文化財に指定されていました。これもやはり保存解体が行われています。

城内 6

豪華な内装と地下通路「本丸御殿大広間」

本丸へ至る唯一の道「闇り通路」

東竹の丸に建つ櫓群を眼下に眺めつつ、特別見学通路を北へ進むと、「本丸御《ほんまるご》殿《てん》」が見えてきます。地下に下る通路が続いており、「闇《くら》り通路」と呼ばれます。昼間でも暗いことから、この名がつけられたとされています。見学時間には明かりがついていますが、本来は照明などはありませんでした。

南側から闇り通路への道

現在の見学ルートでは通路に南から進入し、北へ直進すると、そのまま本丸へ抜けることができます。地下通路は途中で東西に分岐しており、それぞれ西は「平左衛門丸」、東は「一《いち》乃開御門《のひらきごもん》」をくぐって東竹の丸へとつながっています。また、通路内には、中二階を経由して本丸御殿内の「式台之間《しきだいのま》」へ続く階段も設置されていましたが、現在の復元建物では再現されていません。

築城当初、闇り通路は存在し

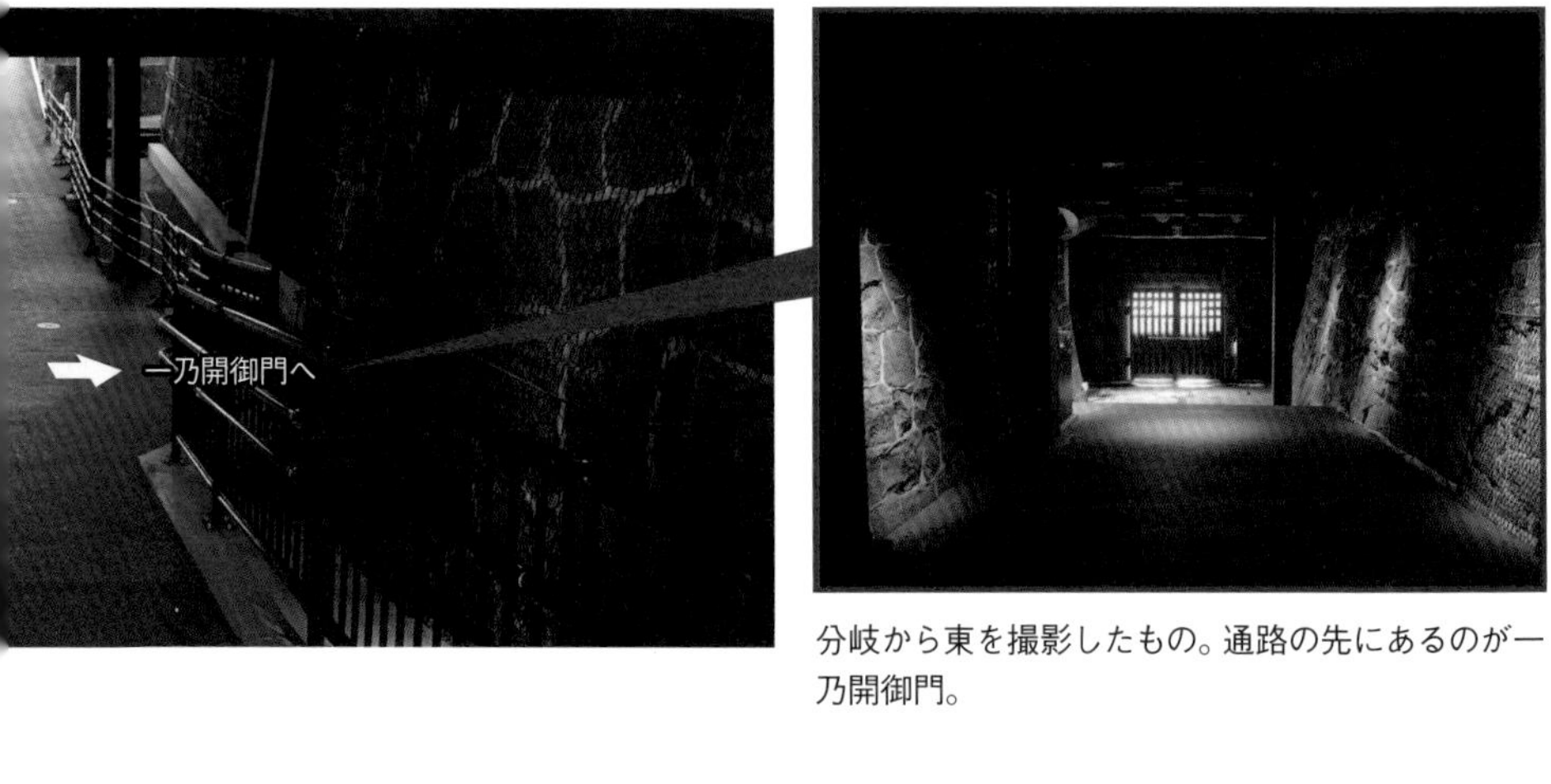

分岐から東を撮影したもの。通路の先にあるのが一乃開御門。

闇り御門　本丸に通じるため、格式の高い唐破風が門の上に配置されている。（熊本城総合事務所提供）

ませんでしたが、後述する本丸御殿創建の際に敷地がなかったため、やむをえず通路で南北に分かれていた本丸をまたぐように建てることとなりました。そこで、大手から平左衛門丸方面を通って本丸に出るルートを確保するためには本丸御殿の床下を通らねばならなくなり、闇り通路が整備されました。

このことから、平左衛門丸から闇り通路への入口は「闇り御門」とも呼ばれ、上部の屋根には格式を高める唐破風《からはふ》が配されていました。江戸期には、本丸へと通じていることから番所が設置され、侍が常駐して警備を固めていました。

本丸御殿の創建と復元、被災

闇り通路の上に建っているのが本丸御殿大広間と大台所、数寄屋《すきや》（茶室）です。現在の建物は築城400年を記念して平成20年（2008）に復元されたものです。復元に当たっては、明和6年（1769）頃に描かれた『御城内御絵図』をもとに、幕末期の仕様を再現しています。

熊本地震では建物外部に目立った損傷は見られなかったものの、内部で床の沈下や壁の損壊などが見られました。令和5年（2023）現在、

分岐から西を撮影したもの。通路の奥は闇り御門へとつながる。

闇り通路　南から北を撮影したもの。

内部の復旧は完了しているものの、非公開となっています。

本丸の大部分が完成したと考えられている慶長12年（1607）の時点では、本丸御殿は存在せず、慶長15年（1610）頃に清正の手で大広間と数寄屋が創建され、寛永10～12年（1633～35）に細川忠利によって大台所が増築されたとの見方が一般的です。それまでは小天守内で政務を行っていましたが、利便性などの観点から本丸御殿が建造されました。結局、地震時の安全性の問題から、政務は花畑屋敷や奉行所で行うようになり、本丸御殿は儀式などで使われました。

創建当時の建物は明治10年（1877）に起きた西南戦争の直前に焼失しています。かつては大広間の南側に広がる本丸の曲輪隅に「月見櫓」と二様の石垣の上に建っていた「小広間西三階櫓」が、北側には檜皮《ひわだ》葺《ぶ》きの建物群が大天守の前まで立ち並んでおり、それぞれ本丸御殿と接続していました。

絢爛な内装で彩られた「本丸御殿」

本丸御殿大広間の内部は、闇り通路から階段での昇降が可能な式台之間を境にして、大きく東西に分かれていました。西は「大広間」、東は「大台所」と呼ばれ、調理のための竈《かまど》や囲炉裏《いろり》が設置されています。台所部分には天井がなく、調理時に出た煙を抜くために、屋根裏の梁《はり》や柱が見える吹き抜けになっています。

西側の大広間には全部で11の部屋が設けられ、式台之間に近い東側の「鶴之間」「梅之間」「雪之間」「桜之間」「家老之間」が、藩主と身内や家臣との私的な宴会に用いられる、対面所としての役割を担っていた

本丸御殿外観

大台所内部　左右の低くなっている部分には囲炉裏が設置されている。（熊本城総合事務所提供）

本丸御殿大広間　昭君之間　金箔を用いた豪華な襖絵や天井画が目を引く。(熊本城総合事務所提供)

とされています。各部屋の南面には広縁が接しており、西端は数寄屋に接続し、天守へ渡ることができるようになっていました。大広間の西奥に配置された「昭君之間《しょうくんのま》」「若松之間」「桐之間」「帳台之間」「蘇鉄之間《そてつのま》」「団扇之間《だんせんのま》」は、藩主の居間として利用されていました。

居間部分の最奥に位置し、最も格式の高い部屋とされていたのが「昭君之間」です。豊臣家と関わりの深い狩野《かのう》派の絵師によって描かれた襖《ふすま》絵で飾られ、内装には黒漆や金が多用されています。この襖絵に「中国漢代の美女・王昭君《おうしょうくん》」が描かれていたため、昭君之間という名がついたとされています。

また一説には、昭君という語が「輝ける君子」を意味することから、豊臣家の忠臣であった加藤清正が、豊臣秀頼を熊本城に迎えることを想定して部屋をあつらえたのではないかともいわれています。書院造の部屋には、北面に鈎上段《かぎじょうだん》と違い棚、東面に帳台構《ちょうだいがまえ》、西に付《つけ》書院を備え、格天井《ごうてんじょう》の格間《ごうま》には金箔地にさまざまな草木が描かれた、狩野言信《げんしん》、狩野外記《げき》による60枚の装飾画が並んでいます。

大広間の西側には、本丸御殿に接続する形で高石垣の上に数寄屋棟が建っています。棟内の茶室は、長六畳と呼ばれる細長い形状の部屋で、清正が師事していたとされる織部流の茶室が採用されています。

本丸御殿数寄屋棟茶室(熊本城総合事務所提供)

熊本のシンボル「大天守」「小天守」

大天守に次いで増築された「小天守」

闇り通路を抜けると、左手（西）に加藤清正の手植えとされる大銀杏《おおいちょう》が枝葉を広げ、その奥に「大天守」と「小天守」が並び立っています。本丸からは、大・小天守の東面を見ることができます。

熊本城の天守がつくられたのは一般的に慶長5年（1600）といわれています。しかし、清正の没後、慶長17年（1612）に描かれた『肥後筑《ひごちく》後城図《ごじょうず》』には、西側から見た城内が略図で表されていますが、大天守の北に小天守が描かれていません。また、両天守の石垣がもつ特徴が異なります。大天守の石垣には、清正流の石垣がもつ特徴である、ゆるやかな勾配が見られるのに対し、小天守の石垣は勾配が急かつ隅石の積み方に算木積みが採用されています。これらのことから、清正の存命中には大天守のみが存在し、小天守は息子の忠広時代に建てられたと考えられています。

両天守は続櫓で1階部分がつながっており、大天守が外観三重の地上6階・地下1階、小天守は外観二重の地上4階・地下1階です。西南戦争（1877）により、両天守ともに焼失しましたが、昭和35年（1960）に鉄筋コンクリートで外観復元されました。

熊本地震では大天守最上階の瓦の大多数がはがれ落ち、屋根の両端を飾ってい

本丸大銀杏　加藤清正の手植えという伝承が残る。

東から見た大天守（左）と小天守（右）

北西方面から見た大天守　北面に唐破風が見える。

た鯱瓦《しゃちがわら》も落下しました。小天守の地階では石垣の大半が崩落し、櫓を構成する石垣の一部が崩落するなど、大きな被害を受けています。その後、震災からの復興を象徴する建物として、最優先で復旧作業が進められ、令和3年（2021）3月に完全復旧を遂げました。現在は歴史博物館として見学者を集めています。

黒い下見板張りの重厚感ある両天守

本丸から天守を見上げ、その意匠に目を向けてみます。

約13メートルの石垣の上にそびえる高さ約30メートルの大天守は、南北方向に入母屋造《いりもやづくり》の建物を重ね、望楼《ぼうろう》を載せた望楼型天守で、最上階の「御上段」南北面は唐破風で飾られています。また、一重目と二重目の南北に配されたゆるやかに反り返る大きな入母屋破風と、同じような装飾の千鳥破風を東西方向にも配置することで、四方の見た目を似せています。

約19メートルの規模をもつ小天守は、大天守と同じく望楼型であり、一重目と最上段の間に庇《ひさし》を設けることで、3層構造に見せていました。

天守の破風の中央に注目すると、白い円形の装飾が見てとれます。これは破風板の下部につける装飾で、火災を避ける意を込めて魚をかたどったことから「懸《げ》魚《ぎょ》」と呼ばれています。大天守を東から見たときの懸魚はすべて形が異なり、上から「梅鉢《うめばち》懸魚」「蕪《かぶら》懸魚」「三花蕪《みつばなかぶら》懸魚」といいます。小天守の懸魚は1か所を除いて、すべて梅鉢懸魚となっています。

懸魚の中央には、6枚の葉をモチーフにした六葉《ろくよう》が釘隠しとして設置されています。大天守の南北に面する唐破風には「兎毛通《うのけどおし》」と

大天守の懸魚　最上階、2階部分、1階部分のすべてで形が異なる。

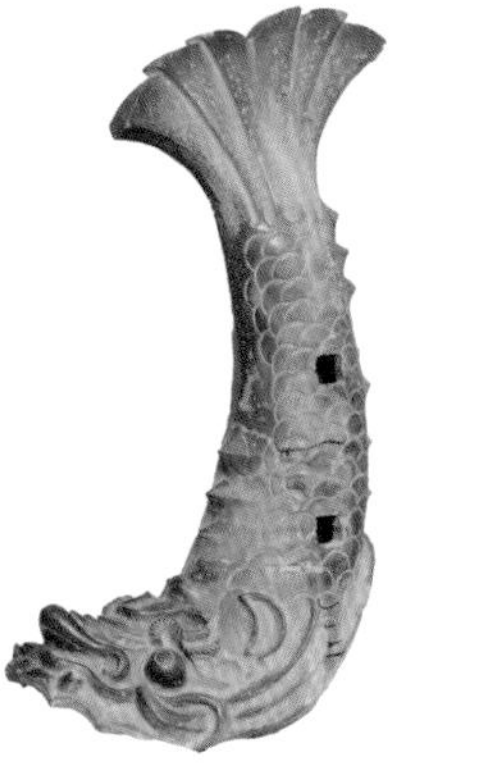

宝暦の鯱瓦　熊本博物館に常設展示されている。（熊本城顕彰会蔵、熊本博物館寄託）

呼ばれる横に広がった懸魚がつけられており、小天守入口に1か所だけ設けられた唐破風にも兎毛通が見られます。

最上階の屋根の両端には、鯱瓦が設置されています。想像上の生き物である鯱は、頭は龍や虎、体は魚の形をしており、口から水を吐くとされ、火災避けとして天守の屋根に飾られるようになりました。現在の鯱瓦は、震災からの復興時に復元製作されたもので、宝暦13年（１７６３）に製作された「宝暦の鯱瓦」をモデルにしています。

「忍び返し」「石落とし」など防衛策

天守の建物に接近すると、両天守が備えた防衛策にも気づきます。小天守を下から見上げたとき、まず目に入るのが、石垣と建物の間から下に向かって突き出す忍び返しです。石垣をよじ上ってくる敵を退けるた

大天守の突上戸と狭間

小天守の忍び返し　等間隔で鉄串が並ぶ。右奥には石落としが見える。

大天守と小天守　南西から撮影。

めに、先端を下に向けた鉄串が等間隔で設置されています。

同じく小天守の1階隅には、建物直下に到達した敵を攻撃することを想定し、外側にせり出すような形で石落としが配置されています。大天守は1階部分が櫓台の外にせり出す構造をもっているため、石落としは設けられていません。

両天守ともに全体が黒い下見板張りで、壁面にはいくつもの窓が設けられています。天守や櫓における窓は、明かり取りや換気、偵察や攻撃などさまざまな役割をもっていました。天守の窓には敵の侵入を阻む格子が組まれ、外側の板戸を外側にはね上げる「突上《つきあげ》戸《ど》」構造をとっていました。窓の横や下部には複数の狭間が見えます。縦約30センチ、横は約20センチの小窓で、建物外の敵に銃や弓で攻撃を仕掛けることができました。

小天守から本丸外へ抜ける「石門」

小天守の入口から北東方向を見下ろすと、「トキ御《おん》櫓《やぐら》」跡の石垣の向こうに、東へ下る石段を見つけることができます。石垣に隠れてしまい、石段の先を見ることはできませんが、最深部には石垣の中を貫通するような形で「石門」が設けられていました。熊本地震による倒壊により、門全体が石材で覆われてしまったため、現在は見学することができません。

石門をくぐると、東竹の丸の最北部に抜けることができます。東竹の丸から石門を通れば、大天守を経由せずに小天守へ直接入ることができました。小天守へ直接入る経路はほかにも、平左衛門丸から小天守の北側外周を回り込む方法があります。建物への経路を複雑でわかりにくいものとする、攻めづらさを追求した城づくりへのこだわりがうかがえます。

小天守と石門(震災前) 小天守真下から撮影したもの。写真右下に見えるのが石門。

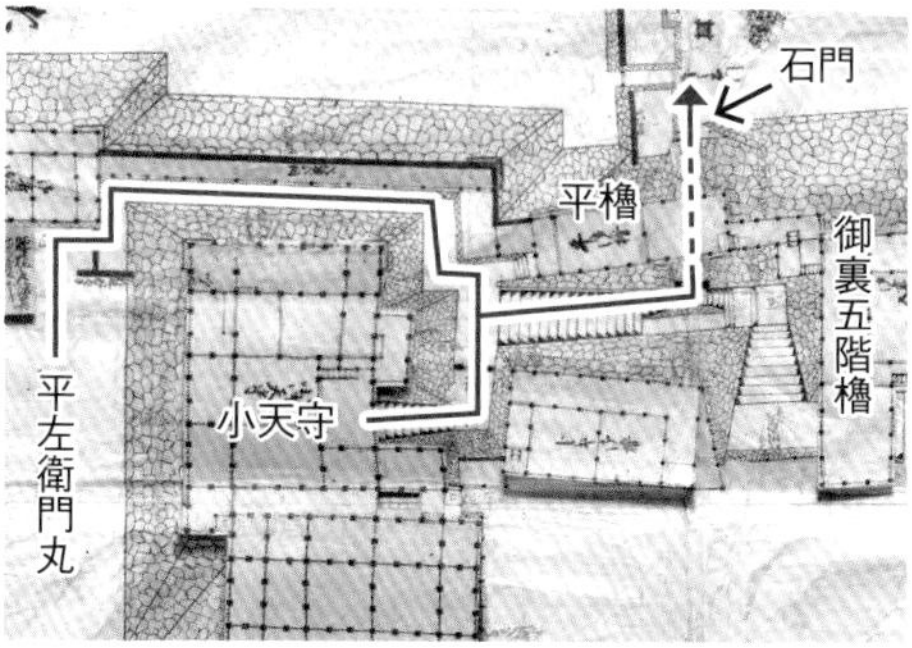

『御城内御絵図』（部分）画像内の朱線は、本丸の外から小天守へと至るルートを示したもの。（熊本城総合事務所蔵）

石門の用途については、城の南側からの襲撃を警戒して北側への脱出経路を用意していたとする説や、本丸からの出撃口とする説、石垣内の排水路として設けた説などが存在しています。震災前に撮られた写真を見ると、天井が低く土に埋もれているようになっていて、あまり通路には見えないのですが、築城当時は天井までの高さが1・8メートルほどあったとされ、通路と用水路の両用途を兼ねた門だったと考えられます。

物々しい大天守、居住も考慮した小天守

大天守、小天守の内部は階層ごとに用途や役割にまつわる名前がつけられ、使用されていました。その構造を地階から順に見ていきます。

両天守ともに地階は「穴蔵《あなぐら》」と呼ばれます。大天守の穴蔵は土間になっており、塩の保存場所とされました。小天守の穴蔵は御水屋《おみずや》（台所）として使われており、中央の土間には竈が置かれ、北側には井戸も設置されていました。

大天守1階は「御鉄砲之御間《おてっぽうのおんま》」と呼ばれ、小天守と接続している北面以外の3面をぐるりと廊下が取り囲んでいました。2階は「御具足之御間《おぐそくのおんま》」と呼ばれ、内部には本丸御殿の天井画を描いた狩野外記による葡萄《ぶどう》の障壁画がありました。また、四方には破風の間が設けられていました。

3階は「御矢之御間《おんやのおんま》」で、室内には狩野外記による「糸桜」「梅竹」「桃」の絵が描かれていました。4階は「御弁当之御間《おべんとうのおんま》」、5階は「貝之御間《かいのおんま》」、最上階に「御上段《おじょうだん》」が設けられています。御上段は東西に入側《いりかわ》縁《えん》（廊下）、南北に破風の間があり、南北の張付戸《はりつけど》には狩野言信によって「若松」「秋野花」が描かれていました。各階層につけられた名のとおり、武器庫としての役割が強く、細川時代には歴代藩主の武具が納め

られていました。

小天守1階の主室は「松之御間《まつのおんま》」と呼ばれ、部屋の西には床の間、北には付書院が設けられ、京絵師によって「老松」が描かれたことが部屋の名に由来しています。2階は「兜佩之御間《かぶとはきのおんま》」と呼ばれ、北側に破風の間が設けられていました。大天守の同階層の約3分の1の規模となっています。3階は「御納戸《おなんど》」、4階は「小御天守御上段《しょうおてんしゅおじょうだん》」となります。御上段には狩野外記によって「並木之松」が描かれていました。

大天守がある種物々しい雰囲気をもつのに対し、小天守は装飾の施された座敷や、地階に台所や井戸を配置する生活感を思わせるつくりが目立ちます。このことから、住居としての役割と、籠城時の拠点としての役割を併せもっていたと考えられています。

天守に至るルートをたどってきましたが、改めて天守を中心に城内地図を俯瞰すると、最も防御が厚いのはここまで見てきた南面であるといえます。おそらくは南方の島津家を警戒してのことです。

坪井川を天然の水堀とし、櫨方門をくぐった先には周囲を高石垣と櫓が囲む連続枡形が待ち構えます。平左衛門丸までたどり着いても、天守の西側から石垣をよじ登った先には鋭い忍び返しが牽制し、東面に回るために飛び込んだ闇り通路では、四方に延びた通路から暗闇の中で挟撃される危険性をはらんでいます。

南側から大天守を見た際、正面に配置された唐破風は、天守の正面を南側と錯覚させる意図があったとされています。幾重にも張りめぐらされた防衛策からは、熊本城を築いた加藤清正の用心深さと築城技術の高さがうかがえます。

『熊本城之図』
江戸末期の熊本城を城南から描く。城の外周に沿うように平櫓が並び、段階的に規模を大きくする櫓群と、中心にそびえる大小天守の威容がうかがえる。（永青文庫蔵、熊本大学附属図書館寄託）

城内施設に寄り道

現在の熊本城天守は歴史博物館

加藤清正による築城から、現代に至るまで熊本の人々に愛されている熊本城だが、日本最後の内戦である西南戦争や2度の震災という苦難の歴史もあった。よみがえった天守ではその数奇な歴史の足取りをたどる。

天守の入口に当たる穴蔵（熊本城総合事務所提供）

最優先で復旧が進められた天守は震災復興のシンボル

平成28年（2016）の熊本地震よる被害を受けた熊本城の中でも、最優先で復旧作業が進められたのが天守でした。令和3年（2021）には完全復旧となり、内部の見学ができるようになります。

天守の建築様式は四面の千鳥破風《ちどりはふ》と最上階の南北につくられた唐破風《からはふ》が特徴的です。城の外観は三重で、城内部は地上6階地下1階建てです。6階では、熊本市内の街並みはもちろんのこと、天気に恵まれれば阿蘇の山々も眺めることができます。さらに熊本城公式アプリでは、スマートフォンなどでARマーカーを読み取ると、西南戦争以前の風景と現在の風景を見比べることができ、より楽しむことができます。

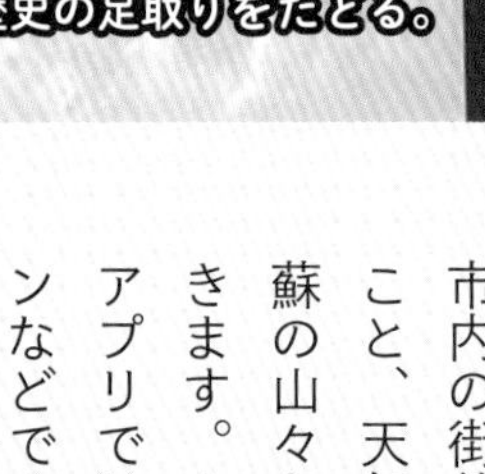

触知模型　1階に展示されている、縮尺100分の1模型。バリアフリーにも対応し、視覚障害者の方でも触ることで形状を確認できるようになっている。（熊本城総合事務所提供）

階層ごとに装いを変える天守のつくりを生かした博物館

天守内部は熊本城の天守に焦点を当てた、歴史博物館です。入口は小天守の地階の穴蔵で、1階から順に上っていく形になっています。この順路は歴史の流れに沿って進んでおり、階ごとに違った装いを見せてくれるのが特徴です。

1階は、加藤清正による築城や河川改修による城下の形成などを紹介した、加藤時代の展示です。壁一面を使い、年表や地図を用いて清正の動向や城づくりの手順を解説しています。

見どころの1つに「天守軸組模《てんしゅじくぐみも》型《けい》」があります。昭和35年（1960）の天守再建にあたり製作された模型で、実寸の10分の1の大きさです。間近で見ると天守再建の細部へのこだわりがうかがえます。また、地図や映像を用いての河川改修の解説では、徐々に城下が拡大していく様子がわかります。

2階は、細川家による熊本城の管理を紹介した、細川家の時代の展示です。加藤家の時代よりさらに整備が進んだ城や、城下の成り立ちを紹介しています。模型に映像を投影した城下や、金屏風などが飾られた内装は色鮮やかで、見るものを引きつけます。

3階は、西南戦争や明治地震、昭和35年（1960）の天守再建までの近代の展示です。西南戦争時の天守焼失の謎についての解説や、鉄筋鉄骨コンクリートでよみがえった当時の天守の映像や写真を紹介しています。

4階は、昭和から平成28年（2016）に起きた熊本地震による熊本城の被害と天守復旧までを紹介した、現代の展示となります。復旧の際には市民からの多くの支援もあり、募金額1口1万円で、1年間、復興城主として登録できる制度が設けられました。復興城主たちに感謝の意をこめて名前を記載した「復興城主デジタル芳名板」もここに置かれています。

天守軸組模型
1階に展示されている、屋根や外壁が外されて内部がむき出しになっている模型。外観ではわからない建具を見ることができる。（熊本城総合事務所提供）

城内 8

藩の重要施設があった「平左衛門丸」と「数寄屋丸」

家老の屋敷が置かれた「平左衛門丸」

本丸から特別見学通路を通り西に向かうと「平左《へいざ》衛門丸《えもんまる》」です。左手（南）に47ページで触れた地蔵櫓御門跡へ通じる石段があり、正面（西）には、現在は通れないものの大手に通じていた道があります。この2つの道に挟まれ、平左衛門丸から突き出した曲輪が「数寄屋丸《すきやまる》」です。

平左衛門丸は、加藤家の重臣である加藤平左衛門の屋敷があったことに由来しています。寛永年間（1624～44）に家老として、藩政を取り仕切っていた人物です。平左衛門の屋敷は、細川忠利が入国したのち寛永14年（1637）に解体されていますが、解体時の史料から、屋敷には御広間、御書院、御居間、御化粧間などがあったことがわかっています。

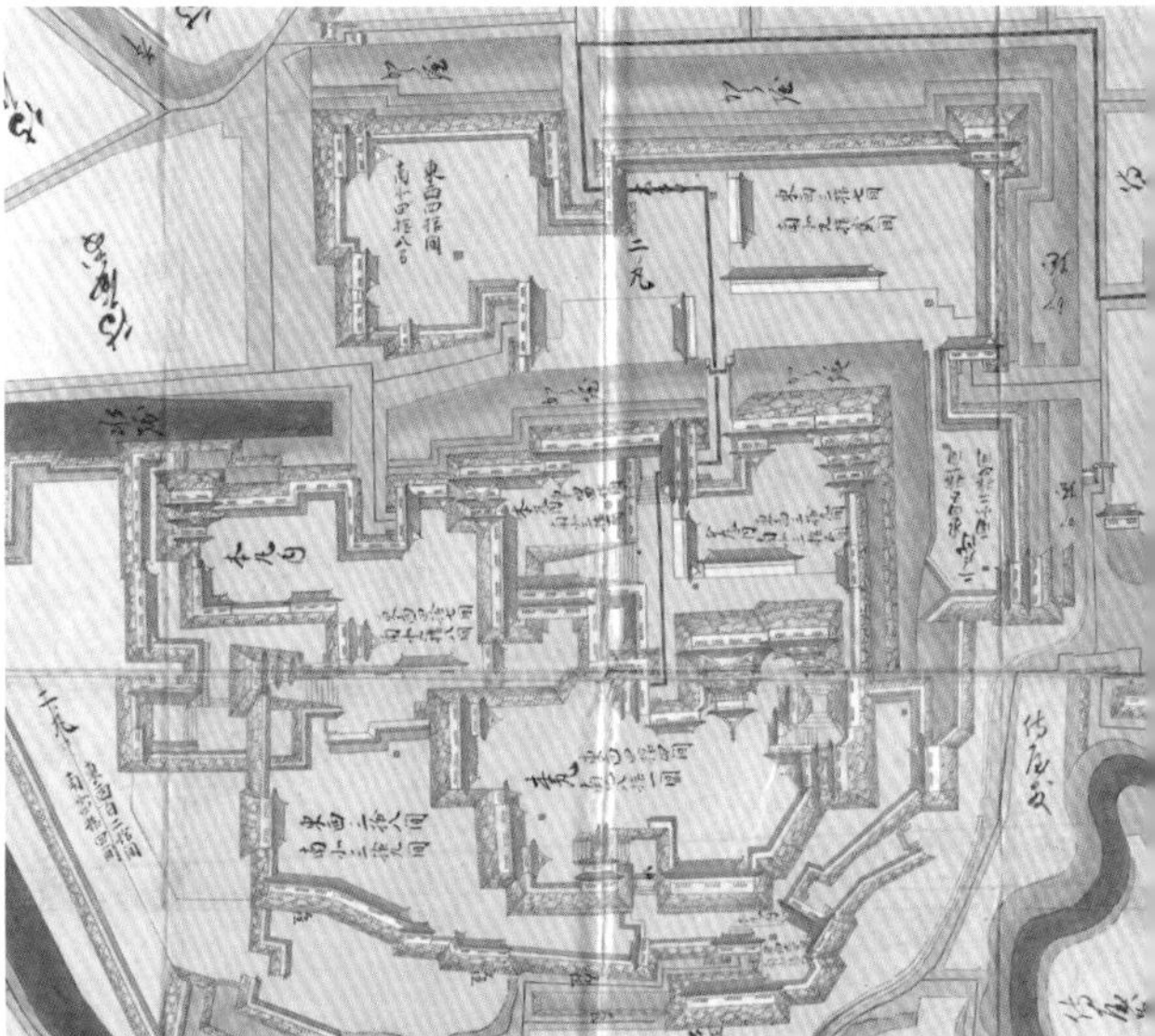

『肥後国熊本城廻之絵図』（部分）　本丸西側、平左衛門丸に屋敷が描かれているのがわかる。（熊本県立図書館蔵）

平左衛門丸には、1800キロもの重さがある、「横手五郎《よこてごろう》の首掛石《くびかけいし》」があります。横手五郎は怪力のもち主とされた伝説上の人物で、熊本城築城の際に、この石を首に掛けて運んだという伝説があります。

首掛石

実際のところ、首掛石がどういう用途でもち込まれたのかはわかっていません。城の基礎石か、手水鉢《ちょうずばち》の土台だとする説がありますが、確証はありません。変わった形から、横手五郎と結びつけた誰かが名づけたのではないかとされています。

数寄屋丸二階御広間

「地図石」は「数寄屋丸」の待合所

数寄屋丸は客人をもてなす接客の場としての役割をもった曲輪です。数寄屋丸に建つ「数寄屋丸二階御広間」も、能や茶会などを催す、接客の場として使われていました。数寄屋丸にあった建物は明治初期に陸軍によって撤去されており、現在見ることのできる数寄屋丸二階御広間は、平成元年（１９８９）に復元されたものです。

地蔵櫓御門跡への道

現在は立ち入りが禁止されていて、近くで見ることはできませんが、数寄屋丸には「地図石《ちずいし》」と呼ばれる、モザイク模様の石段があります。地図石は、城のほかの場所にある石垣などとは違い、丁寧に整形された切石積みです。隙間なく複雑に組み合わされており、上から見下ろすと地図のように見えることから、熊本城の縄張《なわばり》図だとする説や、日本地図だとする説がありました。

しかし、明和6年（１７６９）頃の絵図から、地図石がある場所に「御待合」との記述が見つかり、地図石のある空間は、招待客の待合場所だったことがわかりました。現在では、石段の模様は、客人をもてなすための意匠だったのではないかと考えられています。

地図石（震災前） 丁寧に切りそろえられた石が隙間なく組まれているのがわかる。

城内 9

熊本城に現存する唯一の多重櫓「宇土櫓」

大小天守を西から望む「第3の天守」

平左衛門丸の北西隅にあるのが、熊本城で唯一現存している多重櫓の「宇土櫓《うとやぐら》」です。熊本地震の影響で漆喰や床などが破損し、石垣も膨らみが出てしまうなどの被害を受けたため、現在は補修工事が進められており、周辺は立ち入り禁止となっています。

宇土櫓は、大天守、小天守に次ぐ、第3の天守ともいわれる櫓です。外観は三重で、内部は地上5階地下1階、高さは約19メートルに及びます。最上階には廻縁《まわりぶち》（部屋の周囲に取りつけられた縁側）がめぐり、高欄《こうらん》（転落防止の柵）が設置されています。宇土櫓への立ち入りが許されていた頃には、廻縁に出て大天守や小天守を望むこともできました。

熊本城で廻縁があるのは両天守と宇土櫓だけです。千鳥破風も設けられ、熊本城の櫓のなかでも意匠は凝ったものとなっています。ただし、鯱瓦については、昭和2年（1927）の解体修理の際に載せられたも

宇土櫓（修復前） 宇土櫓は熊本地震にも耐えた。西出丸から。

宇土櫓 工事が進められているため櫓の周囲を鉄骨がめぐる。石垣は破損しており、モルタルで養生されている。

ののようです。

現在はほかの櫓から孤立してぽつんと建っているように見える宇土櫓ですが、もともとは南側に続櫓が接続していました。宇土櫓とともに西南戦争での焼失も免れますが、熊本地震の影響で倒壊しています。

もとは「平左衛門五階櫓」か

宇土櫓という、熊本城のほかの櫓とはあまり関連性のない名称も注目されることがあります。肥後南部の地名・宇土と何かしら関係があると推測されていますが、確実なことはわかっていません。創建年も確実なことはわかっておらず、名前の由来と併せて諸説あります。

関ケ原の戦いで西軍につき、のちに処刑された小西《こにし》行長《ゆきなが》の居城、宇土城の天守を移築したのではないか、ともいわれていましたが、現在では否定されています。解体修理時の調査結果などから、遠距離を移築したとは考えにくかったためです。現在では、清正の時代からあった入母屋造の二重櫓に、慶長20年／元和元年（1615）頃に望楼部を載せたというのが定説とな

宇土櫓（震災前）

宇土櫓から見た両天守（震災前）

っています。

古い絵図などには、宇土櫓のことを「平左衛門五階櫓」と記しているものもあり、これが本来の名前だったと考えられています。そこから宇土櫓と呼ばれるに至った経緯として、小西行長の家臣たちを加藤平左衛門が召し抱え、この櫓のそばに置いたからではないかという説があります。

空堀発掘の様子　石垣の下にある白い部分が発掘調査で見つかった石垣。（熊本城総合事務所提供）

宇土櫓周辺も本来は加藤時代の石垣

宇土櫓の北側と西側には、大きな空堀があります。北側の空堀は小天守付近まで、西側は特別見学通路辺りまで続いています。江戸時代の各絵図を確認するかぎり、当時から空堀だったようです。

堀の城側は一面石垣となっています。空堀底の地表面から計測した高さは約20メートル、城

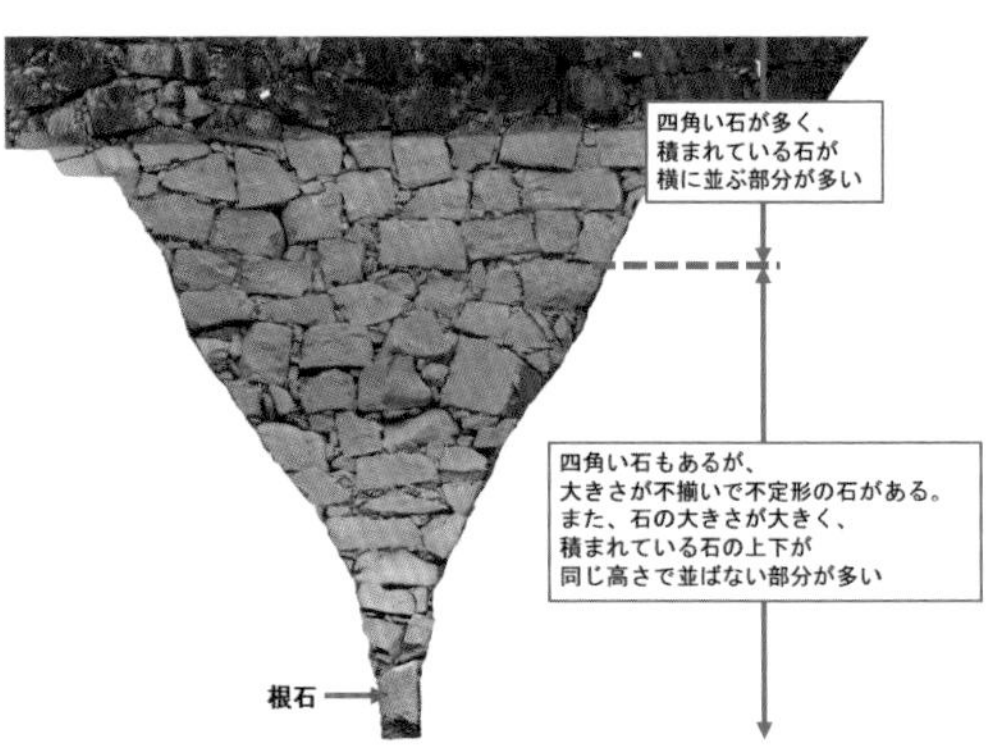
四角い石が多く、
積まれている石が
横に並ぶ部分が多い
四角い石もあるが、
大きさが不揃いで不定形の石がある。
また、石の大きさが大きく、
積まれている石の上下が
同じ高さで並ばない部分が多い
根石
根石　阿蘇山の堆積した岩盤を掘り込んで設置されている。（熊本城総合事務所提供）

内では最も高い石垣です。

打ち込みハギですが、石材の形は整っていて、隅石は算木積みです。42ページで見た二様の石垣について、加藤家の時代と細川家の時代とを比べてみると、後者のもののほうが近いように見えます。本丸が整えられたのは慶長年間（1596～1615）と推定されているので、建築後に何かしらの理由で石垣が崩壊し、積み直されたと考えられています。

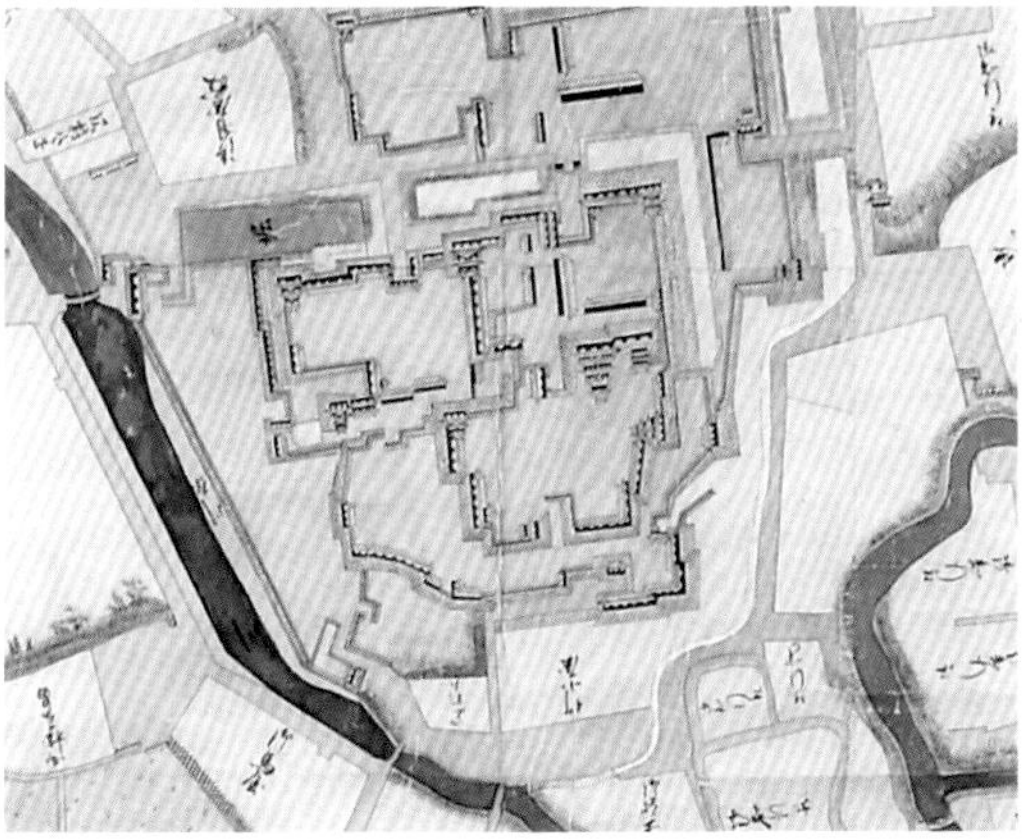

『熊本城下絵図』（部分）　絵図にある白い部分が空堀。水が入っている堀は青で塗られている。（熊本城顕彰会蔵、熊本博物館寄託）

創建当初の様子を確認するため、令和4年（2022）にこの空堀で発掘調査が行われました。結果、やはり現在見えているものよりも加工の粗い石垣が見つかりました。地中から見つかった石垣は傾斜が途中からゆるくなっていて、もともとはほかの加藤家の時代の石垣と同じような石垣になっていたと推測されています。

また、空堀の地下約5メートルから石垣の基礎となる根石が見つかっています。本来はもっと高い石垣だった可能性もあります。

宇土櫓と続櫓にも修理の可能性

この発掘調査では、瓦が集中して出土する層も見つかりました。どうして空堀の土の中に瓦が埋まっていたのか、正確な理由はわかっていませんが、空堀の上にある宇土櫓や続櫓の修理と関係しているのではないかと考えられています。

損傷した建物を修理する際に、破損した瓦を新しくすることがあります。このとき、不要になった瓦を空堀に捨てたのではないかと考えられています。土層の状況と、建物の修理解体の関係を考えると、江戸時代には少なくとも2回、建物の修理が行われたと推測されます。同じように明治時代の地層からも瓦が多く含まれている場所が見つかっており、江戸時代の修理と同様に空堀の中に捨てられていた可能性があります。

城内 10

「西出丸」に守られた熊本城の大手

平左衛門丸手前には枡形があった

日曜祝日以外は工事のため通ることはできませんが、平左衛門丸からは西に向かって特別見学通路が通されています。通路から下をのぞくと、本来の登城道の真上を通っていることがわかります。

数寄屋丸櫓御門跡 特別見学通路から撮影した枡形付近。

平左衛門丸の西側で直角に曲がり、数寄屋丸沿いにまた直角に曲がっています。櫓や門は現存しませんが、石垣に両側を囲まれていて、明らかに枡形です。

この通路には、「数寄屋丸櫓御門」がありました。門があった場所の両側の石垣には櫓があったようですが、高さが両側で違っています。明治初期に解体された際に手が入ったためで、本来は同じ高さだったようです。

この通路はコンクリートで舗装されてスロープ状になっており、かなり上りやすそうに見えます。これも明治期に軍が入った際に行われた改修の結果です。本来は階段状になっていました。

特別見学通路を進むと、両側が空堀になっていることがわかります。特別見学通路に隠れて今は見えませんが、平左衛門丸へ向かう登城道は、入口が土橋になっています。

この土橋の西詰に、「頬当御門《ほおあてごもん》」がありました。控柱などはもたない冠木門《かぶきもん》でした。この門越しに大天守を見ると、大天守を顔に見立てたとき、甲冑の頬当て

頬当御門跡

頬当御門（震災前）

の部分に門が位置したため、頬当御門という名前がつきました。門は熊本地震の影響で崩れ、現在は撤去されています。

西大手門（震災前）

西大手門跡

西出丸を守る3つの「大手門」

特別見学通路の先が「西出丸《にしでまる》」です。城への正面出入口となる曲輪で、37ページで見た行幸坂も本来はここに通じています。

周囲は塀で囲まれた、がらんとした空間ですが、もともと西出丸は、「馬出《うまだし》」の機能をもつ曲輪として設置されました。馬出とは、出入口の外側につくられた小さな曲輪のことで、堀などによって城への進入路を限定し設置することで、防衛力を高める狙いがあります。

西出丸には、「北大手門」「西大手門」「南大手門」という、３つの大きな門がありました。先にも述べたとおり、大手門とは城の正門のことです。頬当御門から正面に西大手門、左に南大手門、右に少し離れて北大手門がありました。

これらはすべて明治に軍が入る際に撤去されており、現在復元を見ることができるのは南大手門のみとなっています。南大手門は横幅約34メートル、奥行き約8メートルで、熊本城最大の櫓門です。平成14年（２００２）に復元されたのですが、熊本地震の影響で現在は近寄ることができません。

３つの大手門のうち、最も格式が高いとされたのが西大手門です。寛永9年（１６３２）、細川忠利《ただとし》が入城した際には、この門の前で駕《か》籠《ご》を降りて頭を下げ、加藤清正に敬意を払ったと伝わります。昭和に復元されていましたが、熊本地震によって被害を受けたため解体され、現在は石垣が残るのみとなっています。

北大手門は頬当御門周辺から距離があるため後述します。

南大手門

城内 11

藩の役所が集まった「奉行丸」

北側以外は急峻な石垣

西大手門付近が特別見学通路の北口となっていて、券売所が置かれています（日曜祝日のみ）。この券売所の奥、西出丸南の塀で囲まれている一角が「奉行丸《ぶぎょうまる》」です。現在は立ち入り禁止となっています。

西出丸側から見ると平坦に見えますが、特別見学通路の南口付近で、左手（西）に見えていた石垣は、じつはこの奉行丸のものです。西出丸と通じる北側以外は、同じように石垣が設けられています。

西出丸から見た奉行丸 奥に未申櫓を見ることができる。

塀の隙間からのぞくと、曲輪の南西隅に二重櫓（内部は3階建て）が建っているのが見えます。「未申櫓《ひつじさるやぐら》」と呼ばれる櫓です。十二支を方位にあてたとき、この櫓のある南西は未と申の間になるため、このように呼ばれます。なお、特別見学通路南口の券売所の手前を西に曲がり、道なりに進んでいくと、未申櫓の真下に通じています。

未申櫓からは北に塀が続いています。塀の先には「元太鼓《もとたいこ》櫓《やぐら》」という復元櫓が続いていましたが、熊本地震で傾きや変形などが生じ、平成30年（２０１８）

西出丸南東の石垣

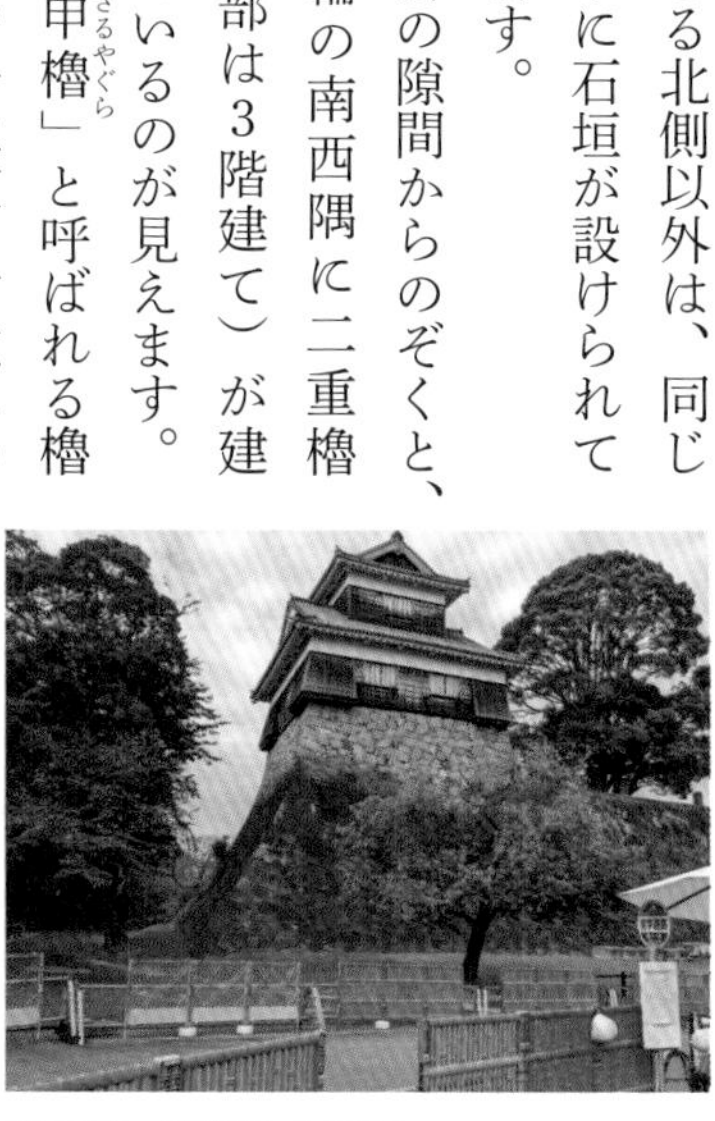

未申櫓 南側から撮影。

に倒壊、現在は見ることができません。奉行丸にはほかにも櫓がありましたが、復元されたのはこの2つの櫓だけです。

細川時代には政務の中心地となる

これらに加え、加藤時代には藩の重臣の屋敷が置かれていました。この時代の武家屋敷は防御施設を兼ねており、奉行丸も城の西側を守る一角を担っていました。城南からの侵攻を警戒していたという旨を述べましたが、大手道が通っており、地形的には比較的攻め入りやすい西側も、油断なく固められていました。

その屋敷の中には、64ページで触れた加藤平左衛門の中屋敷もありました。平左衛門丸の屋敷は政務の場であり、私生活を送るのは奉行丸の中屋敷だったようです。

寛永9年（1632）に細川家が藩主となったのち、奉行丸には「御奉行所《ごぶぎょうしょ》」「御勘定方《ごかんじょうかた》」「小物成《こものなり》」「御《ご》郡代《ぐんだい》」といった役所が置かれました。多くの藩士が公務を執り行う、政務の場となっていきます。奉行丸と呼ばれるのはこのためです。

元太鼓櫓（震災前）

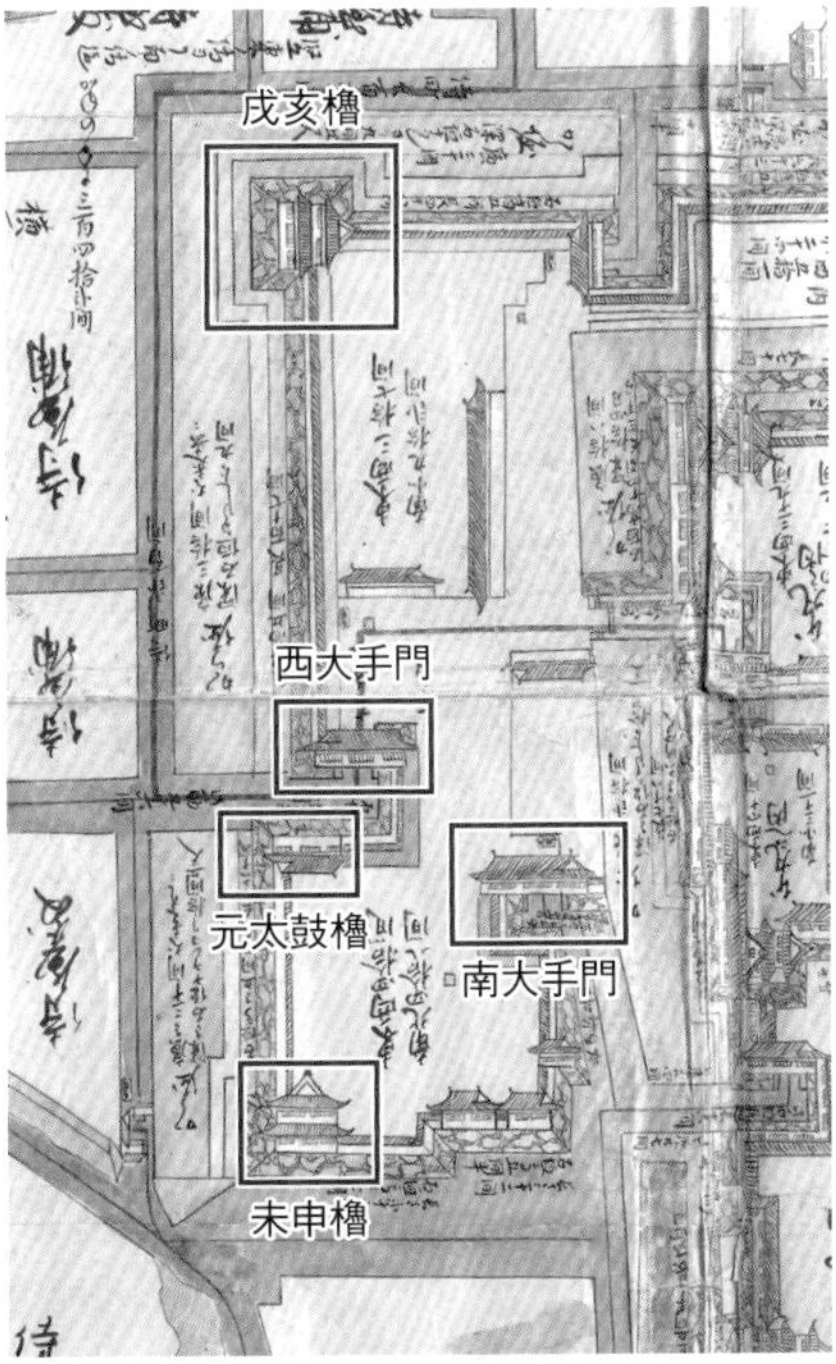

『平山城肥後国熊本城廻絵図』（部分）　西出丸・奉行丸付近を抜粋。細川家が藩主となったのち、正保元年（1644）に幕府からの求めに応じてつくられた絵図の控え。（熊本県立図書館蔵）

城内 12

財政をつかさどった「西御蔵」「御銀所」

未申櫓と同形同規模の「戌亥櫓」

西大手門付近から、石垣沿いに北へ向かいます。しばらく歩くと、西出丸の北西隅にたどり着きます。西出丸の説明板や祠《ほこら》のようなものが目につきます。

この角の石垣の上には、復元された二重3階の隅櫓「戌《いぬ》亥《い》櫓《やぐら》」がありました。戌亥とは、未申と同じように十二支を方位にあてはめた言葉で、北西を意味しています。天守から見て北西の方角にあることから、戌亥櫓と呼ばれました。

熊本地震では、南に延びていた西出丸塀がすべて倒壊するなか、戌亥櫓は倒壊を免れています。櫓台の隅石が一列残っており、飯田丸五階櫓のものと同様に、一本石垣と呼ばれました。

戌亥櫓（震災前）

地震を耐え抜いたものの、損傷は激しく、解体保存されたため、現在はその姿を見ることはできません。ただ、規模も外観も未申櫓とほぼ同じなので、在りし日の姿を想像することは難しくありません。

熊本藩財政の中心地「御銀所」

現在は通路のようになっている戌亥櫓周辺ですが、江戸時代の絵図を見ると、塀で囲まれて西出丸のほかの空間とは仕切られています。この辺りには西御蔵《にしおくら》という年貢《ねんぐ》米などを保管する蔵がありました。

加藤時代から御蔵屋敷があり、年貢米の保管や特産品の管理・販売を行っていたようです。細川家が藩主となったのち、この場所に西御蔵とともに御銀所《おんぎんしょ》と呼ばれる財務関係を担当する役所が置かれました。

西出丸北西隅　戌亥櫓があった辺り。

御銀所の大きな役割として、藩札《はんさつ》の管理がありました。藩札とは、各藩が独自に発行していた紙幣のことです。熊本では元禄17年／宝永元年（1704）頃に初めて発行されました。

江戸時代、年貢米の不安定性や参勤交代費用の圧迫によって、多くの藩は財政的に困窮していました。熊本藩も例外ではありませんでした。慶安5年／承応元年（1652）に多額の赤字を計上したことが記録に残ります。この頃から検討がはじまり、自然災害などで経済状況が悪化したことが後押しとなり、経済対策として藩札の導入が決まりました。当初は札奉行が置かれて管理を行っていたようですが、幕府による藩札の利用停止命令などを経て、享保18年（1733）からは御銀所が発行管理を行いました。

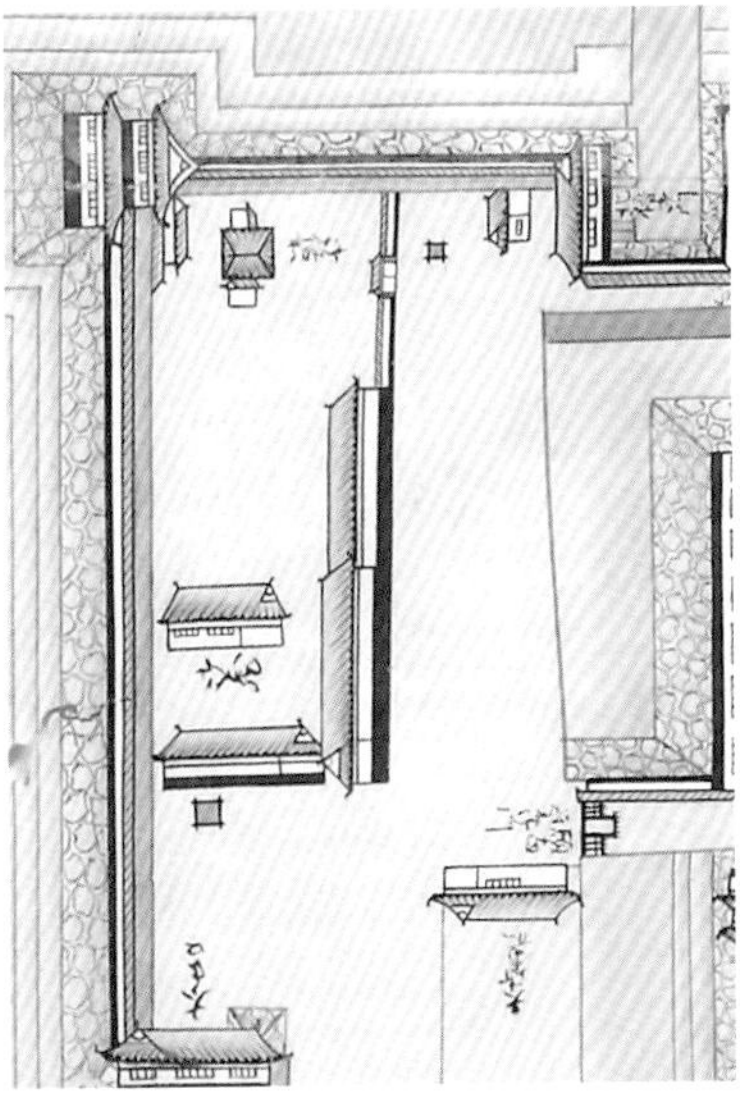

『熊本城図』（部分）　西御蔵周辺を抜粋。江戸後期の絵図。（永青文庫蔵、熊本大学附属図書館寄託）

熊本城を築いた築城名人、清正をまつる「加藤神社」

熊本藩の財政を支えた「櫨方曲輪」

戌亥櫓跡から東に進むと、正面に「加藤神社」の鳥居が見えてきます。この辺りからは、平日であっても入ることが可能です。

加藤神社は、もともと本妙寺にあった清正の霊廟で、明治4年（1871）に錦山神社として熊本城内へ移され、京町への遷座、加藤神社への改称を経て、昭和37年（1962）に熊本城内に戻されました。

加藤神社
明治4年（1871）に熊本城内に土地を得て創建。

境内からは大小天守の姿がよく見えるため、観光客の姿も多く見られる一角となっています。57ページで触れた、両天守の意匠を確認するにも適した場所といえます。境内にはそのほかに、清正が朝鮮半島からもち帰ったとされる「太鼓橋」や、熊本城築城の際に清正が自ら植えたと伝わるイチョウなども残ります。

加藤神社が置かれている場所は、かつて「櫨方《はぜかた》曲輪」と呼ばれていました。ろうそくの原料となるハゼの実の栽培を管理する役所で、専売所としても機能した「櫨方会所《かいしょ》」があったことに由来します。

櫨方会所は、延享5年／寛延元年（1748）に藩主として国に入った細川家熊本藩6代藩主細川重賢《しげかた》が、ハゼを専売化し藩財政改善の一助とするために、寛延2年（1749）に建設させました。重賢は宝暦の改革を行い熊本の財政を救った明君《めいくん》といわれます。36ページで触れたように、竹の丸にあった櫨方門は、神社受け入れのためにこの場所から移されたものです。

加藤神社から見た大小天守

清正を支えた僧に由来する「棒庵坂」

加藤神社の北側はかなりの高低差があり、高さ約21メートルの高石垣になっています。隅角部分は算木積みで、関ケ原の戦い（１６００）以降に積まれたとされています。

その北東隅には「櫨方三階櫓」と呼ばれる三階櫓が建っていました。江戸後期に石垣を積み増しして建てられましたが、明治初期には解体されています。同じ三階櫓ではありますが、未申櫓や戌亥櫓よりは若干規模は大きかったようです。

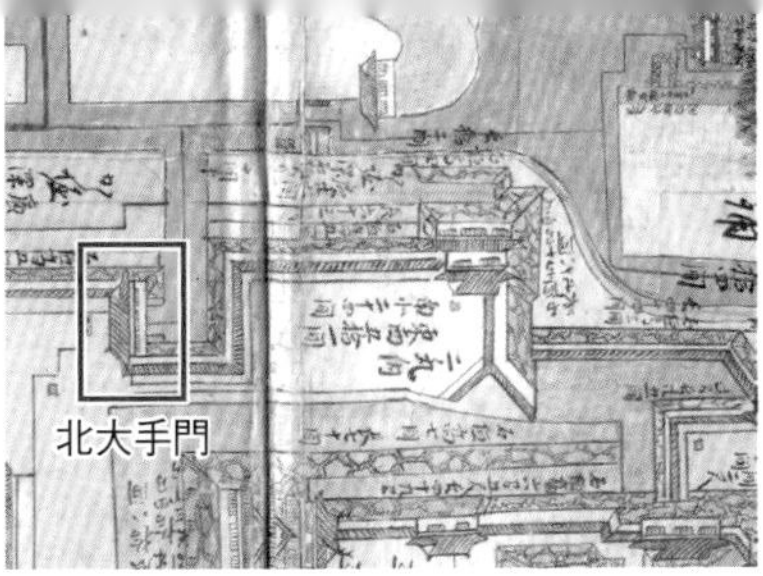

『平山城肥後国熊本城廻絵図』（部分）　櫨方曲輪付近を抜粋。北大手門が描かれている。（熊本県立図書館蔵）

加藤神社の鳥居を出て右（北）を見ると、石垣の間を道が通っています。すぐに道が折れていて、先を見通すことはできません。その形からも察せられますが、枡形の名残です。ここに「北大手門」がありました。古い絵図などを見ると、両側の石垣上に櫓が置かれた、櫓門の形式をとっていたようです。城内側に番所が置かれ、土塀が続いていました。

北大手門跡を通り、両側を空堀に囲まれた土橋を越えた辺りで、右手（東）に「棒庵坂《ぼうあんざか》」が見えてきます。棒庵というのは、清正の政治顧問だった下津棒庵のことです。

棒庵は京都の公家・久我家の出身で、鹿苑《ろくおん》寺金閣の僧でした。清正の要請で還俗し、熊本藩の財政の出納采配をしていました。京都・伏見の公家たちの人間関係をよく知っていたので、彼らとの折衝も行っていました。知行高こそ１０００石ほどと伝わりますが、現在ＫＫＲホテル熊本のある場所に、大きな屋敷を与えられていました。その屋敷から城へ上る坂だから、棒庵坂になったとされています。

城内 14

武家屋敷が多数並んだ南北に長い曲輪「二の丸」

文武両道の藩校「時習館」

棒庵坂を背に西へ進んでいくと、左手（南）にがらんとした広場が見えてきます。「熊本城公園」です。「二の丸広場」ともいわれ、その名のとおり、家老や藩主一門などの武家屋敷が置かれた「二の丸」（西出丸などを二の丸に含む場合もある）の跡地です。現在の二の丸広場だけではなく、南の「二の丸駐車場」から北の「二の丸御門」辺りまでが、二の丸の範囲でした。

また二の丸には、宝暦5年（1755）に藩校である「時習館《じしゅうかん》」が開校しました。細川重賢の宝暦の改革の1つで、明治3年（1870）に廃校となるまで、肥後における学問の中心となりました。家臣の子弟だけでなく、優秀であれば庶民も入学が許可され、多くの優秀な人材を輩出しています。

時習館は南北約136メートル、東西約45メートルの敷地をもっており、学校長にあたる総教には、細川家の重臣である長岡忠英《ながおかただふさ》が任命されました。初代教授には儒学を学んだ秋山玉山《あきやまぎょくざん》が登用されています。

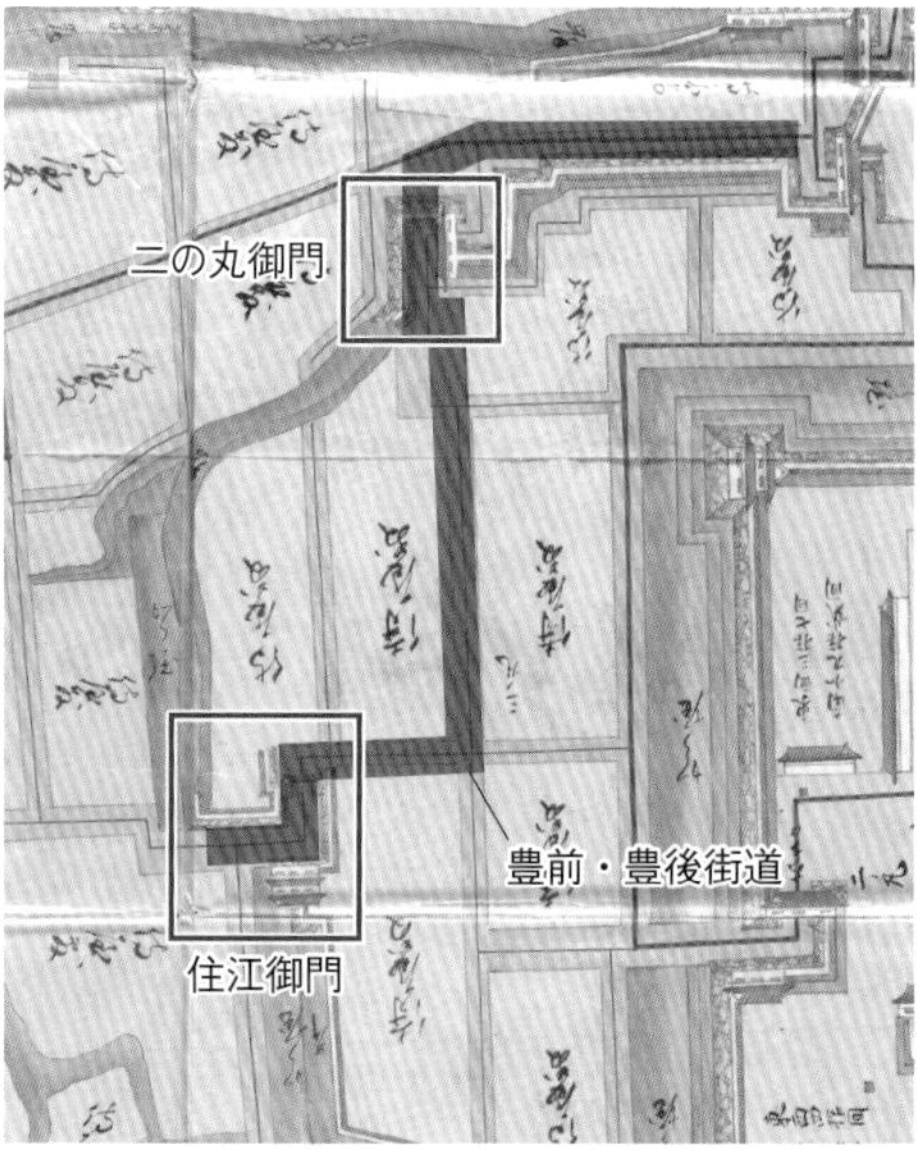

『平山城肥後国熊本城廻絵図』（部分）　二の丸付近を抜粋。（熊本県立図書館蔵）

城内を通っていた「豊前・豊後街道」

南北に長い曲輪で、出入口は6か所ありました。たとえば二の丸の西側、熊本県立美術館の南側には「住《す》江《え》御門」の石垣が残ります。石垣の上に二重櫓を置いて防御を固めていたと考えられています。

じつは、この住江御門は、「豊前街道」「豊後街道」の通り道です。街道は住江御門から北に延びていました。二の丸の武家屋敷の間を抜け、二の丸広場の北辺りにあった「二の丸御門」へ続きます。熊本城の城内を主要な街道が通っていたことになります。

二の丸御門は約25メートルの幅をもつ櫓門でしたが、明治初期に解体されており、石垣だけが残ります。二の丸御門跡から、街道は東側に進んでいました。この両側に、「百間石垣」があります。

二の丸の中を街道が通っているのは、熊本城築城に伴って道が変更された結果です。もとの街道がどこを通っていたのかは定かではありません。

ただ、1つ手がかりとなりそうな地名が残っています。二の丸御門から道を挟んだ向かい側は、現在の町名で「古京町」といいます。もとは、藤崎台県営野球場がある辺りにあった「藤崎宮」（現在の藤崎八旛宮）の門前町で、城と同じ高台に町人地があるのは困るということで、築城に伴って住人は現在の京町に移されました。この門前町に沿うような形で街道が通っていたという説があります。

熊本城が壮大な計画のもとに築造された城だということ、防衛を意識した縄張が行われていたことを改めて示す説です。加藤清正から細川家へと引き継がれたその壮大な築城計画は、ここまで歩いてきた城内の至るところに見られましたが、Part2で触れるとおり、城下町にも色濃く表れています。

住江御門
（西二の丸御門）跡

二の丸御門跡

城下町に寄り道

熊本城に取り込まれた千葉城町と古城町の変遷

熊本城を中心に、東と西に位置する千葉城町《ちばじょうまち》と古城町《こじょうまち》。熊本城の築城により、武家屋敷が並ぶ町へと変わっていく。歴史の歩みのなかで類似性を持った2つの町だが、よく見ていくと異なる一面に気づく。

古城堀端公園　古城町の名前の由来ともなった、熊本城の前身となる隈本城（熊本古城）があった場所。現在は石垣と堀だけが残っている。●熊本市電「洗馬橋」駅または「新町」駅より／熊本市中央区古城町3

上級家臣の武家屋敷が並ぶ町と客分の家臣や蔵が入り混じる町

千葉城町と古城町には、町名に「城」がつくという共通点があります。その名のとおり、かつて千葉城と隈本《くまもと》城（古城《ふるしろ》）がその場所に存在しました。千葉城は出田《いでた》氏、隈本城は鹿子木親員《かのこぎちかかず》によって築城されました。

2つの城は、当時の肥後国《ひごのくに》守護の菊池氏の命により、国府と藤崎宮《ふじさきぐう》（現在の藤崎八旛宮）の防衛のために建てられたものと考えられています。

やがて熊本城が加藤清正の手によって建てられると2つの城は熊本城に取り込まれます。そして、もともと城があった場所は、武家屋敷が並ぶ街並みへと変わります。

しかし、そこに暮らす武士には少し違いがありました。隈本城があった古城町には、肥後藩の筆頭家老である松井氏の下屋敷など、上級家臣の屋敷が並びます。

一方、千葉城があった千葉城町には、武家屋敷のほかに米を保管する蔵など、物資を取り扱う施設がありました。細川忠利に請われて熊本に来た晩年の宮本武蔵も、客分として千葉城町に居住しました。その隣家には、千利休の弟子の桑山宗仙《くわやまそうせん》の孫の作《さく》右衛門《えもん》という客分が住んでいたといわれ、古城町に比べれば雑多な印象を与える町でした。

日本一の剣豪に期待したのは剣術ではなく、その知識や思想

宮本武蔵といえば、生涯無敗で有名な剣豪です。出生地は播磨国《はりまのくに》（現在の兵庫県南西部）とも美作国《みまさかのくに》（現在の岡山県北東部）ともいわれ、日本各地を渡り歩き、佐々木小次郎との巌流《がんりゅう》島《じま》の決闘で勝利したといわれます。

巌流島は、豊前国《ふぜんのくに》小《こ》倉《くら》藩（現在の福岡県北九州市）の領内にありました。このとき立会人を務めたのが、松井《まつい》興長《おきなが》だといわれています。当時の小倉藩主は細川忠興《ただおき》であり、松井興長は細川家に家老として仕えていました。

宮本武蔵と松井興長の親交は深く、武蔵が島原の乱で負傷した際には手紙や見舞品が送られました。そういった縁もあり、寛永17年（１６４０）、武蔵は細川忠利に請われて肥後藩に客分として迎えられます。

忠利が武蔵に求めたのは剣術だけではなく、決闘のために全国各地を回って得た情報や思想、哲学などの教養でした。それを後進の育成に役立てようと考えていたようです。

『宮本武蔵画像』　二天一流の創始者。五輪書の原本は発見されていない。現在は寺尾孫之丞、柴任三左衛門らの写本が伝わっている。（東京大学史料編纂所蔵模写）

『松井興長肖像画』　細川忠興が亡くなったあとに城代として八代城へ。その後も松井家の当主が八代城の城代を務める。（一般財団法人松井文庫蔵）

『五輪書』を完成させた宮本武蔵、千葉城町に没す

武蔵を招いた翌年の寛永18年（1641）、細川忠利は亡くなります。忠利は晩年、治者としての思想の総括に取り組んでいました。数日間にわたり、儒家や武家のしきたりに詳しい有識者たちと意見を交わし合ったといいます。その中には、兵法の大家として武蔵も呼ばれていました。その点から、剣豪としての姿ではなく、他者と触れ合う文化人の姿を見ることができます。

霊巌洞　曹洞宗雲巌禅寺の裏山にある洞窟で、武蔵が五輪書を完成させたとされる場所。岩戸観音と呼ばれる観音像が安置されている。●産交バス「岩戸観音入口」バス停より／熊本市西区松尾町平山589（雲巌禅寺内）

武蔵の隣家に住む桑山作右衛門が湯治のため温泉に出かける際、長持と鎧櫃《よろいびつ》を武蔵に預かってくれるように頼んだといいます。これらは貴重な品も入っており、大荷物でもありました。武蔵はそれを了承しており、２人の関係が良好であることが見受けられます。

ただし、長持と鎧櫃には作右衛門自身で封をさせました。紛失を予期した場合の当然の処置ですが、その慎重な性格こそが武蔵が負け知らずであった要因の１つです。しかし、なぜか作右衛門は肥後藩を出奔し、帰ってきませんでした。武蔵にも予期できないことがあったようです。

その後、武蔵は

NHK熊本放送局跡地とJT熊本支店跡地　写真中央上部に映る鉄塔のある建物がNHK熊本放送局跡地で、写真中央の更地がJT熊本支店跡地。令和元年（2019）に特別史跡熊本城跡へ追加指定された。（熊本城総合事務所提供）

金峰《きんぼう》山にある霊巌洞《れいがんどう》という洞窟にこもり、『五輪書《ごりんのしょ》』を完成させたといわれます。そして千葉城町の自宅で最期を迎えました。住居の場所は不明ですが、武蔵が使ったとされる井戸跡は、震災の影響もあり移転したＮＨＫ熊本放送局跡地の近くに残っています。そのＮＨＫ熊本放送局跡地と隣接するＪＴ熊本支店跡地は、特別史跡熊本城跡に追加指定されました。今後は、熊本城と連携した文化交流の場所として生まれ変わる計画が立てられています。

古城町は武家屋敷から教育の場に変わり日本医学の礎に

古城町にあった松井氏の下屋敷などの上級家臣たちの屋敷は、幕末まで存在していました。廃藩置県後は千葉城町とともに熊本鎮台下に置かれます。千葉城町は天守がある本丸地区に近いこともあり、兵営や倉庫、のちに憲兵本部などが置かれ、軍事色の強い場所でした。

古城町にも兵営がつくられましたが、千葉城町とは違い、教育に力を入れた場所になりました。一部の屋敷を改修し、古城医学校や熊本洋学校が開設されます。古城医学校からは、破傷風《はしょうふう》の予防と治療方法を開発した北里柴三郎《きたざとしばさぶろう》や、日本の産婦人科学の始祖と呼ばれる浜田玄達《はまだげんたつ》などが輩出され、日本の医学界の発展に大きな影響を与えました。現在は熊本県立第一高等学校となり、教育の場としての側面が受け継がれています。

医療の場としての側面も引き継がれます。学校区域から場所を北に移し、鎮西鎮台病院が古城町内に開設されました。名称を変えながら、現在は国立病院機構熊本医療センターとなって、多くの人々の命と健康を支えています。

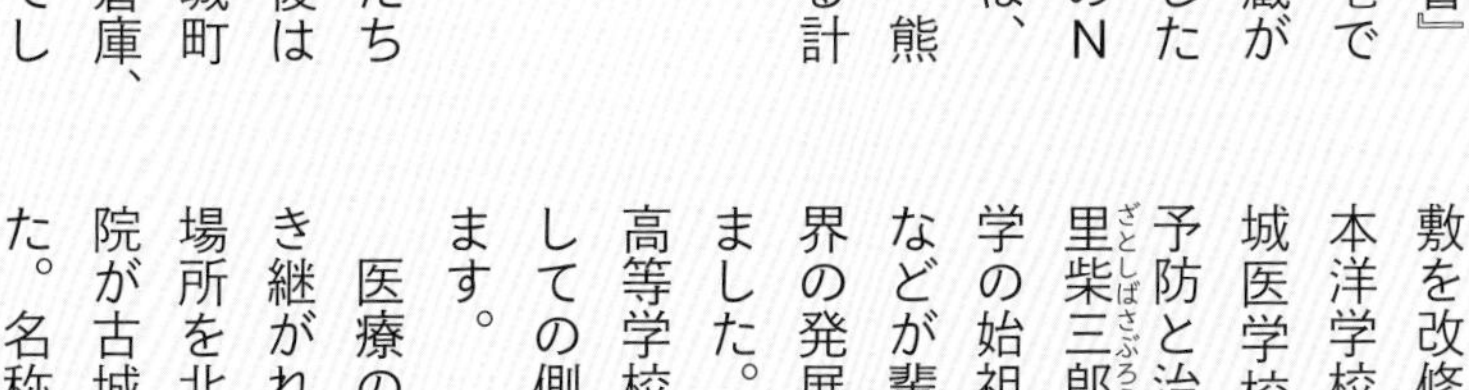

国立病院機構熊本医療センター 熊本県の中枢となる病院。鎮西鎮台病院開設から数えると150年以上の歴史がある。

Part 2 熊本の城下町を歩く

植木
Ueki
熊本駅
Kumamoto Sta.
熊本城
Kumamoto Castle
上熊本駅
Kamikumamoto Sta.
県立総合体育館
Pref. General Gymnasium
303
28
1085

電車通り

城下町地図

古町や新町といった初期に成立した町人地には加藤清正の思惑が感じられ、山崎などの武家地には白川付け替えの痕跡が色濃く残る。細川家の時代に竹部などの武家地が拡大している点も注目だ。

熊本大学
黒髪北地区
白川
熊本電鉄
内坪井・竹部
➡126ページ
藤崎八旛宮
国道3号線
藤崎宮前駅
坪井川
「内坪井」
バス停
県道1号線
新堀櫓
新堀橋
往生院
京町
➡106ページ
上熊本駅
鹿児島本線
九州新幹線
コラム
肥後五か町
➡112ページ

城下 1

対薩摩の仕掛けが隠された町人地「古町」

熊本の城下町で最初の町人地

熊本の城下町で最も古い町人地が、かつての「古《ふる》町《まち》」です。熊本城の前身である隈本《くまもと》城の頃から、城下町の玄関口として機能してきたものと考えられます。

隈本城の城下町だった頃から、商人や職人などが集住しており、現在も見られる鍛冶屋町《かじやまち》や細工町《さいくまち》という職業にちなんだ町名は、その当時にはすでに成立していた可能性もあります。少なくとも、寛永9年（１６３２）に細川家が熊本に入る際にまとめられた『肥後御入国宿割帳』では、現在の町名のほとんどを確認することができます。

天正16年（１５８８）に加藤清正が肥後《ひご》（現在の熊本県）半国の領主となったあと、現在につながる町割りが行われました。以降、有力な商人が集まり、商業地として発展していきます。商人たちは北側の武家地（のちの新町《しんまち》）にも出入りしていました。ここではＪＲ「熊本」駅から北へ、古町を縦断しながら、加藤清正の町づくりを見ていきます。

県道28号線　石塘がつくられてからしばらくは、この道が薩摩街道だった。

大河の流れを割った「石塘」

ＪＲ「熊本」駅東口（白川口）を出ると、正面にはバスロータリー、その先が「熊本駅前交差点」です。

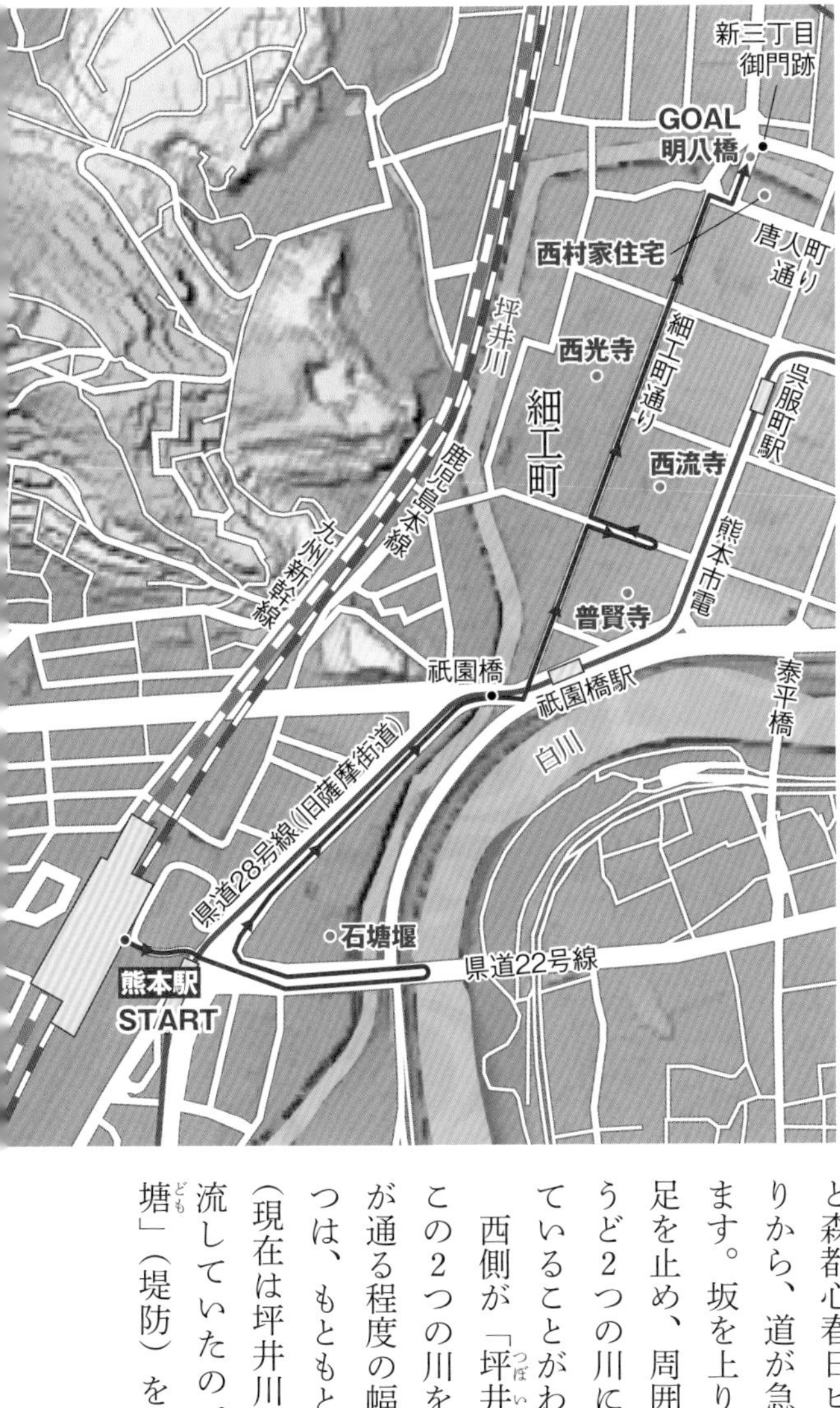

石塘上から見た坪井川

石塘上から見た白川

石塘堰　細川家が下流の灌漑のためにつくった堰だが、大正12年（1923）の洪水で被害が出たため改修。現在、このコンクリート製の堰が現存している。

路面電車（熊本市電）の走る県道28号線と、産業道路である県道22号線が交差しています。県道28号線に沿って北に進めば熊本城が見えてきますが、先に、熊本城の外堀に相当する大河川「白川」を見ておきます。

県道22号線を東に進むと、くまもと森都心春日ヒルズという建物の辺りから、道が急な上り坂になっています。坂を上りきった先の十字路で足を止め、周囲を見てみると、ちょうど2つの川に挟まれた堤防になっていることがわかります。

西側が「坪井川《つぼい》」、東側が白川です。この2つの川を区切る堤防は、道路が通る程度の幅しかありません。じつは、もともとはこの辺りで井芹川《いせり》（現在は坪井川の流路）と白川が合流していたのですが、清正が「石《いし》塘《ども》」（堤防）を築き、人工的に分離しています。この大工事は石塘の背割り工事といわれ、たびたび氾濫を繰り返す白川の水量を減らすことが目的でした。

細工町通り

上方の商品が並んだ「細工町」

熊本駅前交差点まで戻り、県道28号線を北へ向かいます。しばらく歩くと、県道28号線は大きく右（東）に曲がっていて、坪井川に架かる祇《ぎ》園《おん》橋を渡ります。この辺りが古町の南端です。

白川と坪井川に囲まれるような位置関係になってい

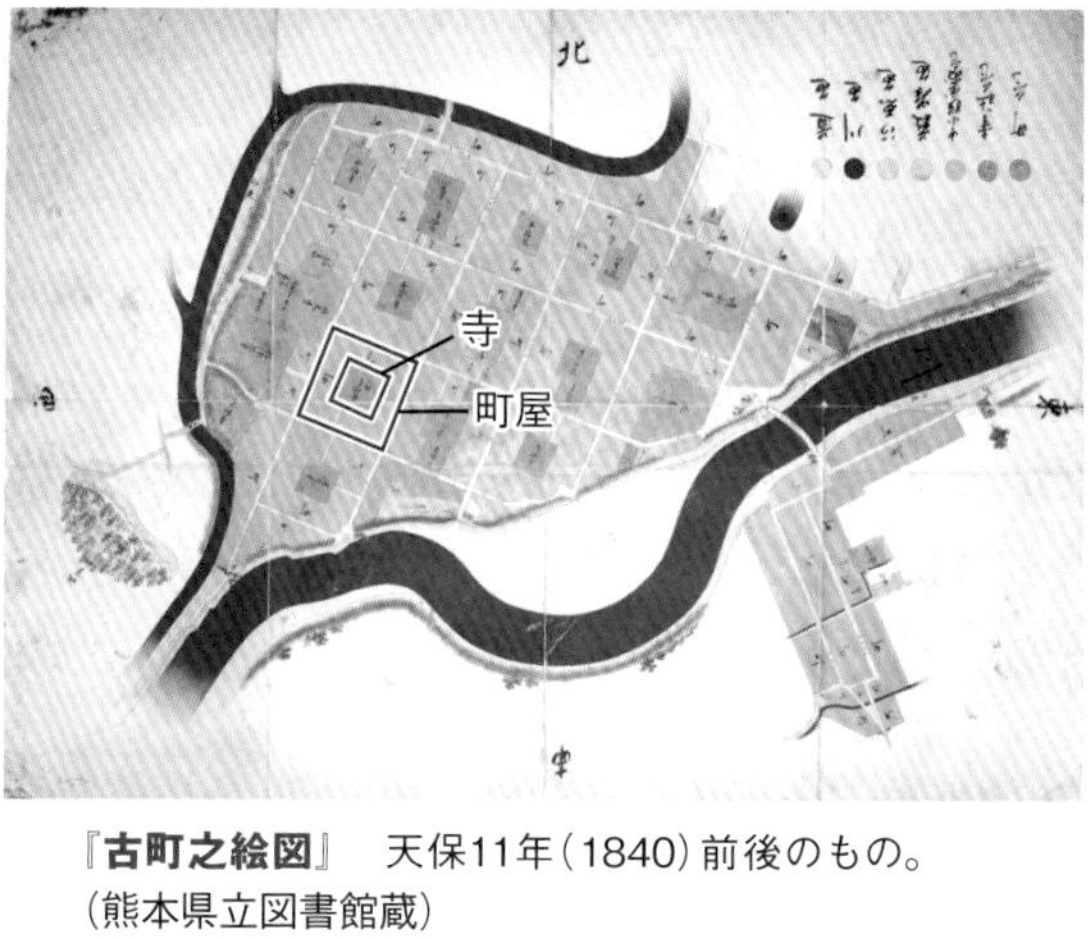

『古町之絵図』　天保11年（1840）前後のもの。（熊本県立図書館蔵）

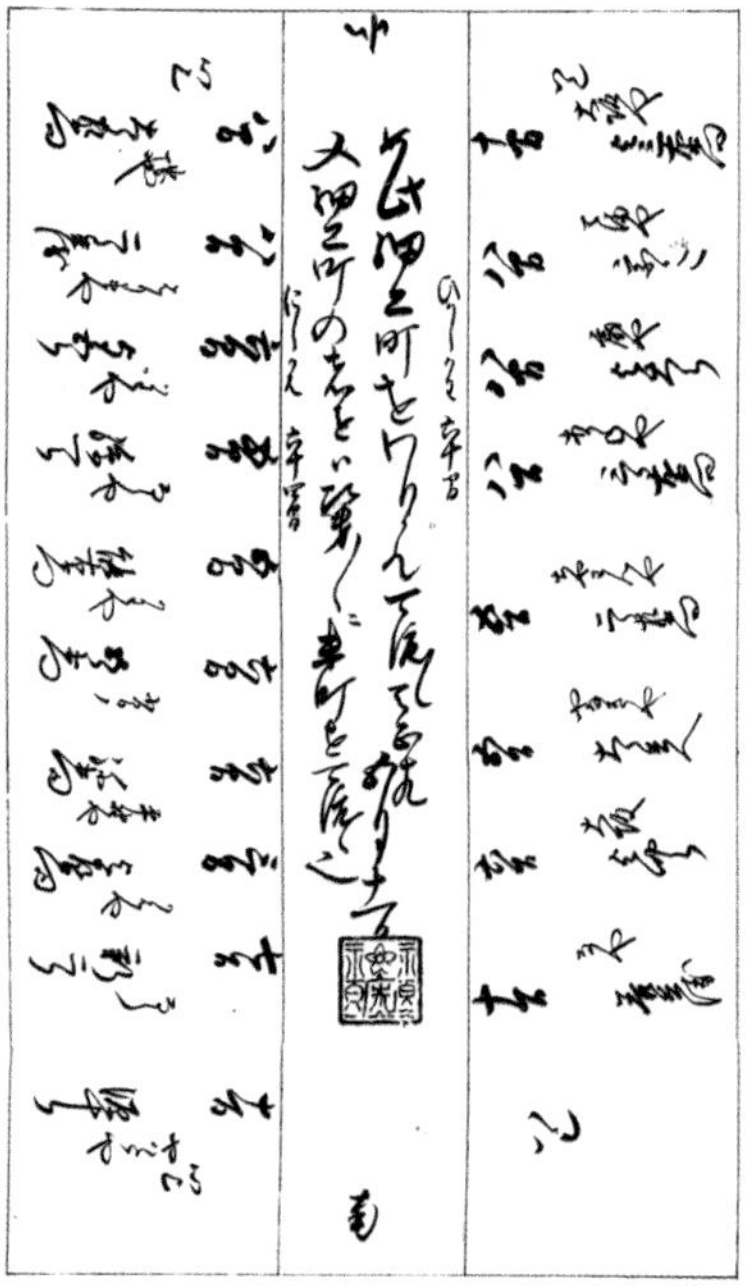

『細工町町割絵図』　天正19年（1591）に加藤清正が細工町の屋敷割りを指示した図。原図は失われており、掲載のものは写本。（東京大学史料編纂所蔵）

ます。坪井川も白川も有明海まで通じていて、非常に水運の便のよい土地でした。

祇園橋を渡ってすぐに北へ、県道28号線を進みます。県道28号線は、この辺りから「細工町通り」とも呼ばれます。道の両側が「細工町」です。現在の細工町4丁目の辺りが、古町でも早い段階から町家があった界《かい》隈《わい》です。細工町には清正が町を整備し始めた当初から、上方《かみがた》の商品を並べる商家が並んでいました。寛政年間（1789〜1801）頃から野菜市が立っていたことも記録に残っています。

対薩摩を意識した「一町一寺」

細工町通りは真っ直ぐに延びていて、町並みは整然としています。地図を見ると、町割りはきれいな碁盤の目状です。火事による延焼を防ぐためだったとも、京都の町割りを模したともいわれます。

城下町でしばしば見られる、食い違いの道など、行く手や視線をふさぐような工夫は見られません。熊本の立地を考えると、南側には独立心の強い島津《しまづ》家の薩《さつ》摩《ま》藩（現在の鹿児島県）があったため、そちら側はとくに警戒しなければならないはずです。にもかかわらず、このような一見すると進軍しやすそうな道をつくっています。

何も防衛の工夫をしていないのかといえば、そんなことはありません。細工町通りを進み、最初の十字路を右（東）に入ります。左手（北）を見ていると、民家と民家の間の路地の先に、「西流寺《さいりゅうじ》」の門が見えます。また、南側に視線を向けると、「普賢寺《ふげんじ》」の屋根が見えます。

地図を見ると、この2つの寺は、ちょうど正方形の区画の中心に位置していることがわかります。現在は寺がない区画もありますが、古い地図を見ると、

西流寺　寛永2年（1625）に浄土宗の寺として寂誉《じゃくよ》上人《しょうにん》によって建立されたと伝わる。

普賢寺　寺伝によれば創建は永正13年（1516）。加藤清正の求めに応じて、慶長10年（1605）に現在地に移った。宗派は浄土真宗で、夜に説教・説法を行う夜聴聞詣《よじょもんまい》りで有名。

すべての区画に寺が置かれていました。

これも清正によるものです。古町を整える際、周辺の寺院を集め、各区画の中心に配置しました。全国的にも珍しいこの構成は、「一町一寺《いっちょういちじ》」と呼ばれます。

その狙いは定かではありませんが、一般的に、敵から攻め込まれた際、寺に兵を隠しておく防衛施設としての役割があったといいます。敵兵から見えないところに兵を集め、細い路地から奇襲をかけることができます。一見しただけではわかりませんが、防備も考えられた町割りといえます。

「西光寺」など、集められた真宗寺院

細工町通りに戻り、さらに北へ向かいます。左手（西）に4つの寺が並んでいることに気づきます。すべて浄土真宗の寺で、清正の時代に古町へ集められた寺です。なかでも「西光寺《さいこうじ》」は有名で、肥後の真宗三か寺の1つにも数えられます。寺伝によれば明応年間（1492～1501）の創建とされ、熊本県内でも最古の浄土真宗寺院です。天正年間（1573～92）頃に移ってきたようで、伽藍《がらん》は熊本城の余材でつくられたと伝わります。

「阿弥陀寺《あみだじ》」も西光寺と同じ頃に古町に移ってきました。最初は白川の近くにあったようですが、たび重なる白川の氾濫により、のちに現在の場所に移されました。現在も残る阿弥陀寺町という地名は、付近にこの阿弥陀寺があったことに由来します。

これらの寺以外にも、古町に集められた寺には浄土真宗の寺院が目立ちます。清正自身は日蓮宗だったということが知られていますが、古町に集められたのは浄土真宗でした。

一説によれば、町人に信仰する人の多かった浄土真宗の古刹・名刹を集めることで、周辺から信徒を中心に人を集めようという狙いがあったともいいます。経済的な意味もあったのかもしれません。

西光寺　加藤清正からも崇敬されていたようで、清正奉納の『一切経《いっさいきょう》』も現存。記録では慶長16年（1611）に清正が亡くなった際、葬儀が行われた場所が西光寺原で、この寺の付近と考えられている。

流路を大幅に変えられた「坪井川」

細工町通りをさらに北に進んでいくと、再び坪井川に出会います。坪井川はぐるりと古町を囲むように流れていますが、古町北側の流路はかなり直線的です。じつは、この部分は人工的に掘られました。

もともとの坪井川は、少し上流で白川と合流していました。石塘の背割り工事で白川と井芹川を切り離したものの、依然として白川の氾濫は続きました。そこで、慶長11年（1606）頃に、坪井川の流路を南に変えて井芹川と合流させ、白川から切り離すことでさらに水量を減らそうとする工事が始まりました（詳しくは112ページ）。

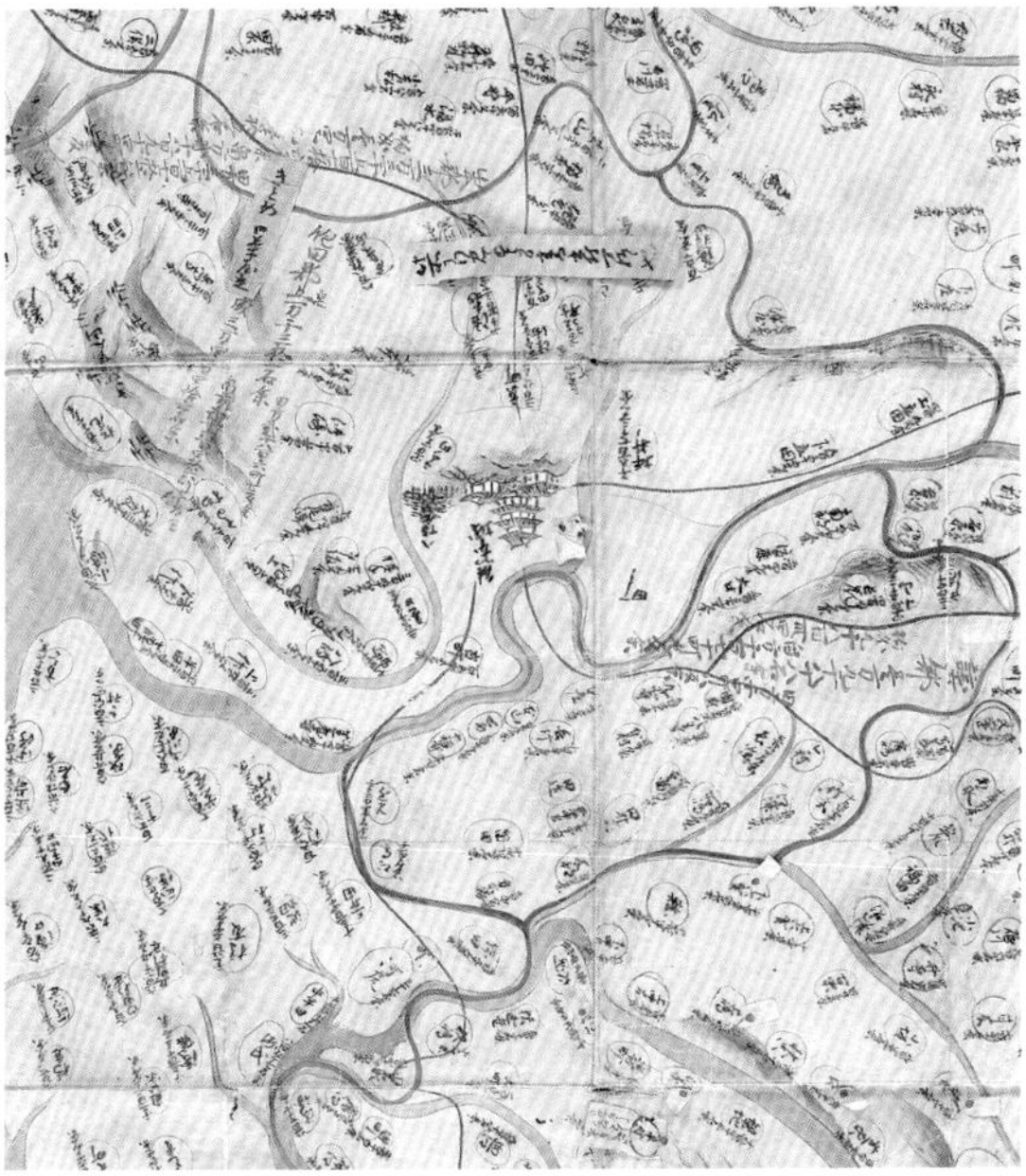

『**肥後国絵図**』（慶長国絵図、部分）　慶長9年（1604）に江戸幕府からの求めに応じて提出された絵図。（永青文庫蔵、熊本大学附属図書館寄託）

坪井川の流路が変更されたことで、古町はほぼ現在の形になります。また、坪井川を使って城下の主要部まで荷物を届けられるようになり、白川と坪井川に囲まれている古町は、荷物の積み下ろしの場所として、さらに重要になりました。

加えて、坪井川は城を守る内堀という意味合いももっていました。河川を巧みに縄張に取り込んでいるといえます。

坪井川　慶長11年（1606）頃に開削された旧井芹川と旧坪井川の間の流路。

城下の重要道「唐人町通り」

県道28号線に沿って右折（東）します。ここからは

西村家住宅　大正6年（1917）に建てられた町家で、外壁は黒漆喰塗り。

「唐人町《とうじんまち》通り」です。この道沿いは、西側から西唐人町、中唐人町といいます。その名のとおり、江戸時代には通り沿いに中国人の商家が並んでおり、大陸の商品を扱っていました。

唐人町通りはかつて「薩摩街道」「日向往還《ひゅうがおうかん》」の一部でした。白岸の対岸に今も地名として残る迎町《むかえまち》で2つの街道は合流し、長六橋《ちょうろく》、河原町《かわらまち》を経て唐人町通りへ至ります。

また、細川家の時代の本通りでもあります。本通りというのは、熊本の城下町に他藩の人が訪れた際に、通らなければいけない規定の道のことです。ただ、守られないことも多かったようで、寛延3年（1750）に規制を徹底するようにという指示が出た記録が残ります。

細工町通りから唐人町通りに入って左手（北）に町家「西村家住宅」があります。大正期の建物で、第二次世界大戦の戦禍にさらされた熊本には珍しい、古い町家です。黒漆喰塗りの2階建てで、繁華街だった頃の唐人町の風情を残しています。

なお、次の十字路を右（南）に曲がると呉服町《ごふくまち》です。細川家が熊本に入った寛永9年（1632）頃には、唐人町と同様に唐物の呉服を扱う商家があり、東南アジアの珍しい品なども扱って栄えたようです。

新町への要衝「新三丁目橋」

細工町通りから唐人町通りに入ってすぐのところまで戻り、今度は北へ進むと、水が湧き出している一角があり、その先に歴史を感じさせる石橋「明八橋《めいはち》」が架かっています。江戸時代には「新三丁《しんさんちょう》目《め》橋」とい

明八橋　明治8年（1875）に木橋から架け替えられたもので、東京の日本橋や江戸橋を手がけた名工・橋本勘五郎によるもの。

新三丁目橋古写真　明治初期の古写真で、明八橋に架け替えられる前なので、明治8年(1875)よりは古いもの。新三丁目御門から撮影しており、西唐人町の町家も見える。(熊本博物館蔵)

う木橋があり、明治に架け替えられました。

　古町と北側の武家地をつなぐ橋として架けられ、古町の商人も通ることができました。先にも触れたとおり、唐人町通りは非常に重要な街道で、そこから新町に向かう新三丁目橋は交通の要衝といえます。

　橋の北詰は広々とした五差路の交差点になっています。江戸時代には橋の北詰に新三丁目御門という櫓門《やぐらもん》が置かれていましたが、現在は残っておらず、明八橋を渡った先に、「新三丁目御門」跡という案内板があるのみです。現在交差点になっているのは、勢溜《せいだまり》(兵を集めるための広場)の跡です。番所があり、夜には門が閉ざされ、出入りが厳重に管理されていました。

　周辺はにぎわっており、文久2年（1862）には、細工町からこの周辺に野菜の朝市が移ってきました。それにより細工町が零落したとして、市再開の嘆願が出されたこともあったようです。魚市場も立っていました。

　かつて古町だった場所には、現在、江戸時代の建物などはあまり見つけられません。ただ、町割りや水路などに注目すると、清正らによる大掛かりな土地改造の跡が見て取れます。ここでは紹介しきれませんが、各通りにも、それぞれに歴史の跡を見つけることができます。たとえば小沢町《こざわまち》界隈などは、熊本の城下町でもとくに風情のある一帯です。

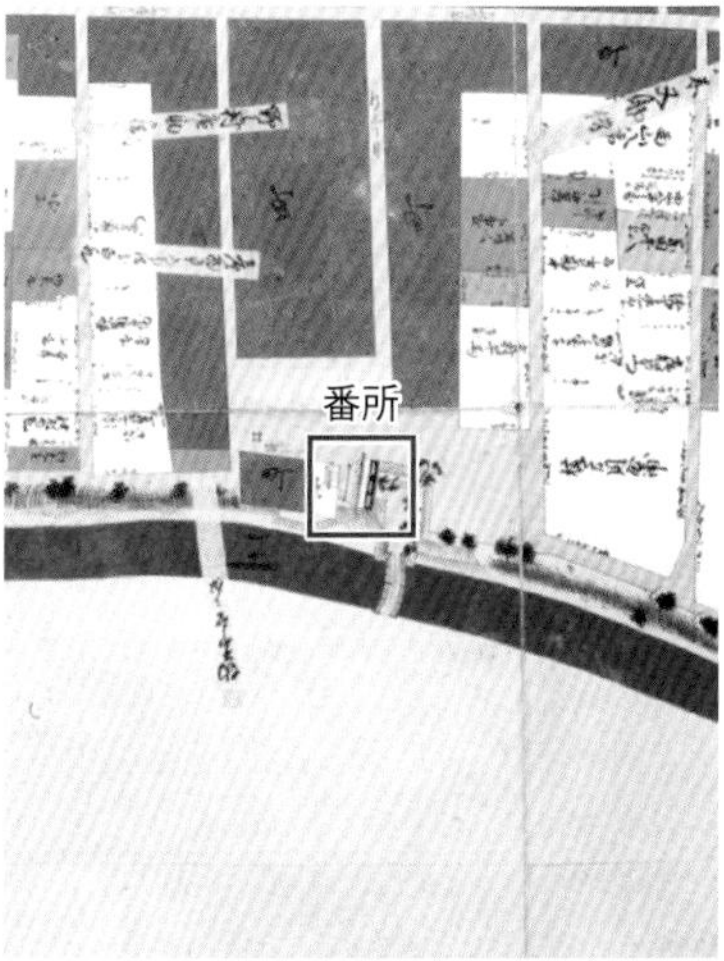

『高麗門 塩屋町絵図』　新三丁目御門周辺。番所も描かれている。元禄11～14年(1698～1701)頃の絵図と推定される。(熊本県立図書館蔵)

城下 2

武家地から町人地へ大転換を遂げた「新町」

たぬき像

童謡で名が知られた「船場」

江戸時代の「新町《しんまち》」は、古町と並ぶ熊本の主要な町人地として発展してきました。古町に対して、新しい町人地ということで、新町と呼ばれます。

船場橋

もともと新町は、現在の藤崎台県営野球場付近にあった「藤崎宮《ふじさきぐう》（現在の藤崎八旛宮）」の門前町として始まりました。加藤清正が領主となってほどなく、清正を慕って集まった浪人を住まわせるための武家地として整備され、のちに町人地として生まれ変わります。

ここでは「船場《せんば》橋」付近を起点に、門前町から武家地、町人地という数奇な運命をたどった新町の、変化の痕跡や土地利用を見ていきます。

ところでこの船場橋は、「山崎《やまさき》」地域の船場町《せんばまち》から新町へ入る橋で、大正時代までは木製だったようです。現在一般的に使われている表記は、船着き場を意味す

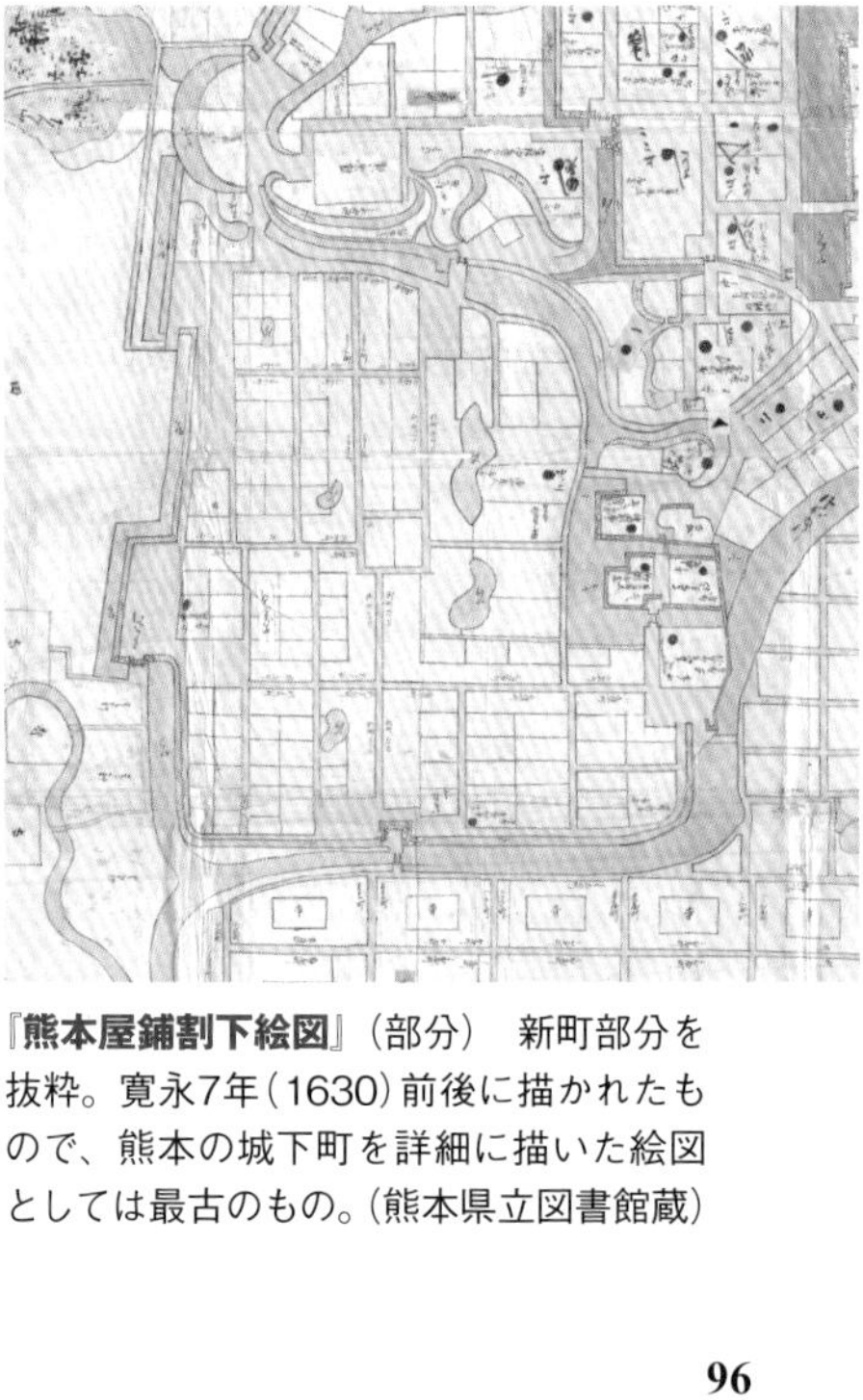

『熊本屋鋪割下絵図』（部分）　新町部分を抜粋。寛永7年（1630）前後に描かれたもので、熊本の城下町を詳細に描いた絵図としては最古のもの。（熊本県立図書館蔵）

る船場ですが、米俵を運んできた馬を洗う場所という意味の「洗馬」が由来だとする説もあります。詳しくは118ページで説明しますが、加藤家の時代にもこの場所には橋があったようです。

橋の西側には市電「洗馬橋」駅があり、人通りも交通量も比較的多い界隈です。その橋の西詰に、いくつかのたぬき像があります。

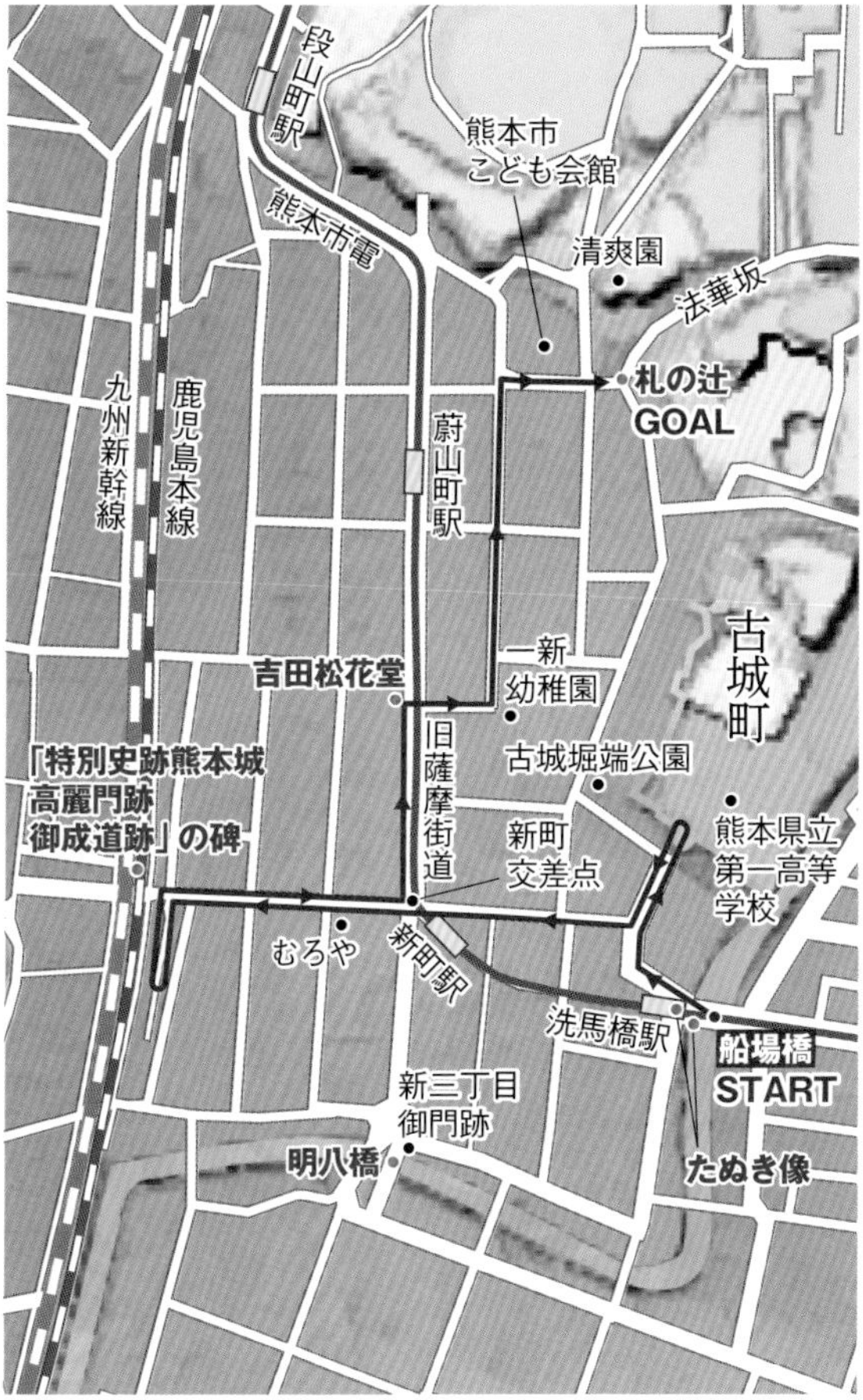

じつは、この船場という地名、日本人なら誰もがよく知っている童謡『あんたがたどこさ』に登場する、「せんば」です。「船場山にはたぬきがおってさ」ということで、たぬき像が置かれています。

加藤時代以前の城の名残が見える「古城町」

地図を見ると、古町とは明らかに町割りが異なっており、町区は南北に長い長方形になっていることがわかります。ただ、あまりきれいに割られていない場所も見受けられます。

古地図を見ると、かつては城との間に堀が通され、池なども点在していたことがわかります。新旧の地図を見比べてみると、きれいな長方形に町割りがされていない場所は、こうした堀や池があったところのようです。

今はどのようになっているのか確認すべく、北へ向かいます。かつて

堀跡　上は熊本県立第一高校の出入口近く。左は古城西側の古城堀端公園。

古城町　昭和40年（1965）に新町の町名が新町1丁目〜4丁目に統合された際、古城町・古城堀端町では反対する声が多く、町名が残された。

勢溜だった場所に道を通した影響か、道が大きく蛇行しています。丁字路を北へ、郵便局と病院の間の道を進むと、正面は上り坂になっていて、熊本県立第一高校が建っています。

この辺りの地名は「古城町《こじょうまち》」です。その名前のとおり、現在第一高校がある丘の上には古城、つまりは熊本城の前身となる隈本城がありました。新城、つまり熊本城が建てられたあとは上級家臣の屋敷地となり、明治維新後に医学校がつくられ、紆余曲折《うよきょくせつ》を経て、昭和34年（1959）に第一高校が置かれました。

　校舎への坂を上ると、すぐに右（東）に道が曲がっていますが、これは枡形があった名残です。学校のある丘との間には石垣がそびえていて、これは江戸時代から残るものです。自然面を残した石材が多く見られるなど、城のほかの石垣よりも古い形式だということがわかります。

　古地図で確認できた堀は、一部だけが水路として残り、ほかは大部分が古城堀端公園になっています。昭和28年（1953）に起こった大洪水の廃土をこの場所に捨て、そのまま埋め立てられたからです。

新町は堀と土塁で囲まれていた

「特別史跡熊本城跡　高麗門跡　御成道跡」の碑

　病院前の丁字路まで戻り、今度は西に進みます。道はきれいな直線で、城下町だった時代から続くものです。

　少し歩くと、市電「新町」駅のある「新町交差点」で広い道と交差します。左（南）は94ページで訪れた明八橋の辺りです。旧薩摩街道や旧日向往還から城へ通じる道ということで、江戸時代から重要な道路でした。

　一旦、旧薩摩街道を通り過ぎ、さらに西に進むと、正面に九州新幹線の高架が見えてきます。ちょうどこの辺りが、新町の西の端です。

　高架の下は駐車場などに使われていますが、その一角にコンクリートが敷かれてベンチが置かれた、ちょっとした休憩場所が整備されています。立っている碑には「特別史跡熊本城跡　高麗門《こうらいもん》跡　御成道《おなりみち》跡」とあります。ここは、新幹線の高架を通す工事のために、平成23年（2011）度から調査が行われた際、門の遺構が見つかった場所です。

　この門は、控柱をもった高麗門の形式で、櫓門だったと考えられています。番所も置かれており、勢溜も備え、かなり厳重に守られていたことがわかります。

　周辺を歩いてみると、全体的に平坦だったここまでの道とは異なり、微妙な高低差があることがわかります。その理由は古地図に描かれています。高麗門の西

高麗門と堀の跡

側には堀が通っており、土塁も築かれ、惣構《そうがまえ》になっていました。現在はならされているものの、かつて土塁や堀があったことで、微妙に高低差がついていたのです。

　古地図を見ていくと、惣構は先に訪れた船場橋の辺りまでぐるっと新町を囲んでいます。『あんたがたどこさ』の歌詞を思い出してみると、「船場山にはたぬきがおってさ」という一節があります。土塁こそが船場山で、そこにはたぬきがすんでいたのかもしれません。

　高麗門の西側「横手《よこて》」には、多くの寺社が並んでいます。横手には加藤家・細川家にゆかりの寺が集まっています。現存はしませんが、線路の高架に沿ってしばらく南に進んだところにある北岡自然公園の辺りに、「妙解寺《みょうげじ》」という細川家の菩提寺もありました。細川家が参拝に訪れる場合にはこの高麗門を通ったため、御成門とも呼ばれました。

関ヶ原をにらんだ新町西の「高麗門」

　このように、新町は古町以上に厳重に守られていました。なかでも西側に厳重な守りの門が設けられているのは、「花岡山《はなおかやま》」や「横手」から敵が攻めてくることも想定されたためです。後述しますが、熊本城は若干ながら西側からのほうが攻めやすくなっており、西側をいかに守るかということに苦心した跡が見えます。

　九州は豊臣支配にぎりぎりまで抵抗した島津家をはじめ、独立心の強い土地です。熊本の加藤家は仮想敵に囲まれているような状態でした。とくに緊張感が高まったのは、慶長の初め頃のことです。慶長3年（1598）に豊臣秀吉がこの世を去り、徳川家康が勢力を伸ばしていました。その翌年には、家康を抑えることのできる存在だった前田利家も亡くなります。

　新町西端の高麗門は、こうした情勢のなかで建てられました。高麗門跡からは、「慶長四年八月」の銘が入った瓦が出土しています。古城から現在天守が建っている茶臼山に天守が移されたのも同じ頃で、情勢を反映したものと考えられています。

そして、慶長5年（1600）には関ケ原の戦いが勃発し、熊本が攻められることはなかったものの、九州でも東軍と西軍による争いが展開されました。九州における東軍の中心人物は黒田如水《じょすい》（官兵衛《かんべえ》）、清正も東軍として南肥後の小西《こにし》家を攻めています。関ケ原の戦いは東軍が勝利し、清正も小西家の領地を制圧しました。

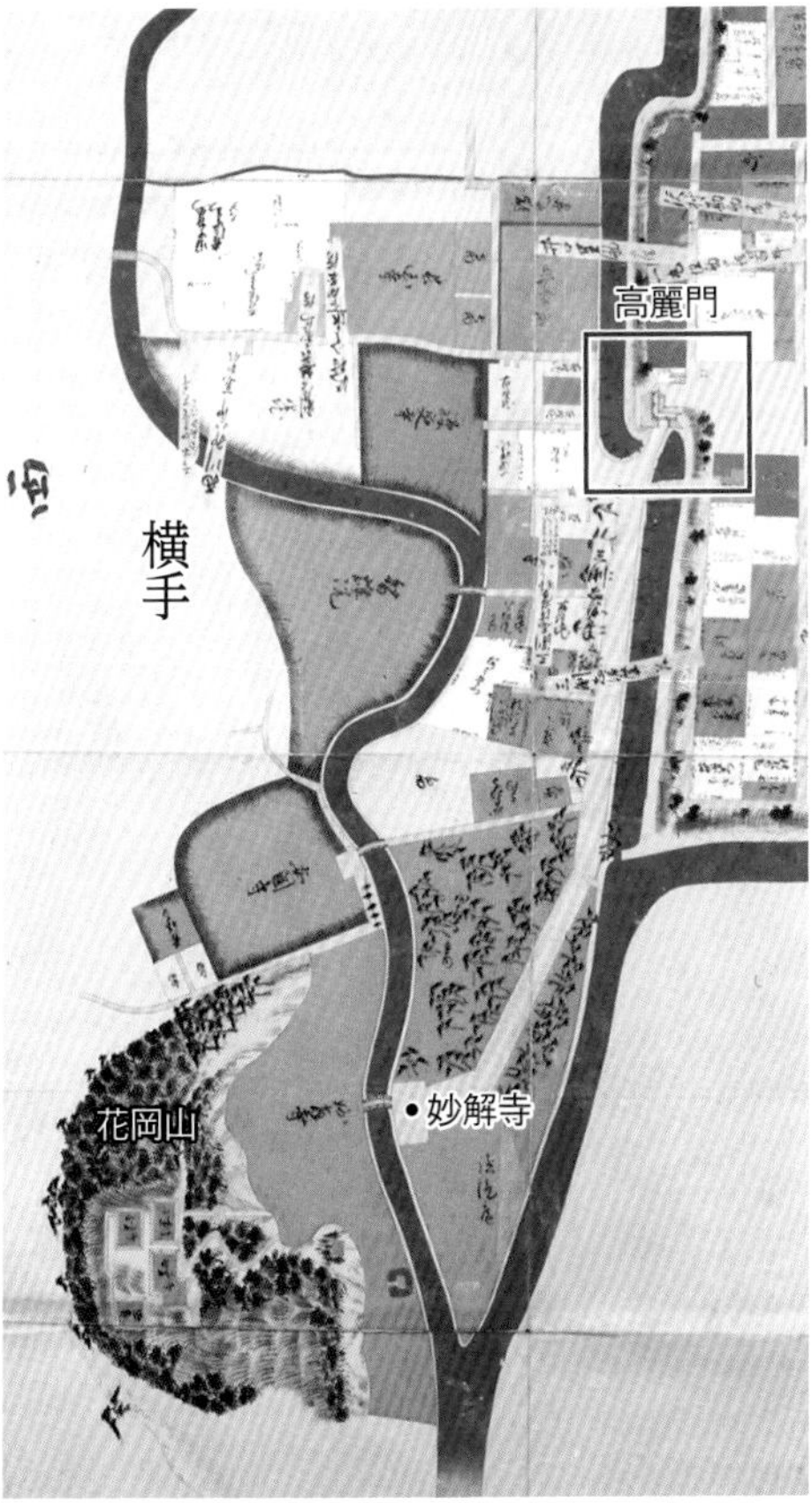

『高麗門 塩屋町之絵図』（熊本所分絵図、部分） 高麗門と横手の寺社群を抜粋。安政4年（1857）以降の絵図と推定される。（熊本県立図書館蔵）

薩摩街道沿いに町家が増加

新町交差点まで戻ります。ここから南北に延びる道は、先ほども説明したように、かつての薩摩街道です。新町は武家地として整備されましたが、慶長11年（1606）頃から坪井川と白川が切り離されると山崎一帯が武家地になり、新町には町人が住むようになります。街道沿いを中心に徐々に町家が増えていきました。新町には全国から商人が集まってきて、細川家が領主となった頃には、すでに古町と並ぶ商人の町になっていたようです。

新町地域には、古町のような職業名のついた町名は見られず、新町1丁目～4丁目、古城町と簡潔に町名が分けられています。じつはこれは昭和に入ってから統合されたためで、かつてはやはり通りごとに町名がついていました。

旧薩摩街道沿いは、かつて北から「新一丁目、二丁目、三丁目」といいました。現在の町名とはずれていて、新町4丁目と2丁目の境付近に架かっている明八橋が、かつて新三丁目橋だったのも、もともとはこの辺りが新三丁目だったからです。

ちなみに、旧薩摩街道から1本西側の通り沿いは「職人町」で、北から上・中・下と分かれていました。明治期には製菓問屋などが並び、県外からも仕入れ客が訪れたといいます。その一角に残る「むろや」は、地元ではよく名の知られた駄菓子屋で、店内に古井戸があることでも有名です。

先ほど通ってきた古城の南側、病院のあった辺りは「塩屋町《しおやまち》」といい、明治期には料亭なども立ち並んでいました。現在も街角に、旧町名を記した碑や説明板が立っているので、探してみるのも一興です。

旧薩摩街道　新町交差点から北。

旧町名　（『熊本屋鋪割下絵図』熊本県立図書館蔵）

「新二丁目」で視線が切られた

旧薩摩街道を北へ向かいます。すぐに右手（東）に新町獅子舞《ししまい》と掲げられた保存会の常設展示施設が目に入ります。先に触れたように、新町はもとは藤崎宮の門前町で、約400年の歴史をもつという新町獅子舞も藤崎宮と縁の深い神事です。

　そのままさらに進むと、左手（西）に「肥後の諸毒《しょどく》消丸《けしがん》」と書かれた看板が架かった、歴史ある長塀が見えてきます。「吉田松花堂《よしだしょうかどう》」という江戸時代から続く薬屋で、シーボルトの教えを受けた吉田順碩《じゅんせき》が文政年間（1818〜30）に開業しました。看板の諸毒消丸は、家庭の常備薬として今でも使われています。

　おおよそこの辺りまでが旧新二丁目にあたります。現在は広く見通しのよい道となっていますが、古地図を見ると、昔はここで道が鉤型になっていることがわかります。清正によって意図的に仕掛けられたもので、視界をさえぎる狙いがありました。

　正面の道ではなく、右（東）の細い道が旧薩摩街道です。足元をよく見ていると、タイルの一部に案内も出ています。

旧薩摩街道との分岐

吉田松花堂　創業時の建物は明治10年（1877）の西南戦争で焼失し、現在残るのは焼失直後に再建されたもの。

城西側の出入口「新一丁目御門」

　右折（東）して旧薩摩街道を進みます。一新幼稚園の前でL字に道が曲がっていますが、これも攻めにくくするための工夫だと考えられています。

　この辺りからが旧新一丁目です。細工町と同様に、江戸時代の早い時期から間口の広い大きな商家が並んだ一帯です。

　北に進み、熊本市こども文化会館前で右折（東）すると、交差点の左手奥（北）に庭園

清爽園　乃木希典の呼びかけにより整えられた。花畑屋敷の庭石を受け継いでいるという。

「清爽園《せいそうえん》」が見えてきます。

庭園の中央には記念碑が立っていますが、これは西南戦争の戦没者をまつるものです。庭園自体も同時に整備されました。

古地図を見ると、この場所は熊本城の西入口だったことがわかります。「新一丁目御門」という櫓門があり、正面には勢溜が設けられていました。清爽園はこの勢溜跡を利用したものです。

新一丁目御門前の勢溜には、高札《こうさつ》が立てられました。高札というのは、知らせや法令などを住民に知らせるために掲げられた掲示板のことです。多くの城下町では、大手前や街道の起点となる、交通量の多い場所に掲げられました。熊本の高札が立てられたこの勢溜も、豊後《ぶんご》街道や豊前《ぶぜん》街道、薩摩街道、日向往還といった主要街道の起点であり、交通の要衝でした。そのため「札《ふだ》の辻《つじ》」と呼ばれます。

札の辻

札の辻から二の丸を通る「豊前街道」

札の辻が豊前街道と豊後街道の起点でもあると述べ

ました。札の辻から続く「法華坂」がこの両街道の一部です。上り始めるとすぐに、進路の先が熊本城である旨を示す案内板が目に入ります。

つまり豊前街道と豊後街道は、熊本城の二の丸を通っているわけです。ふつう、こんな本丸の近くまで街道を通すことはありません。

1つには交通の管理をしやすくするという狙いがあったと考えられています。また、島津家が参勤交代などで江戸に向かう際には、薩摩街道と豊前街道を使っていました。これを監視する意味もあったと推測できます。

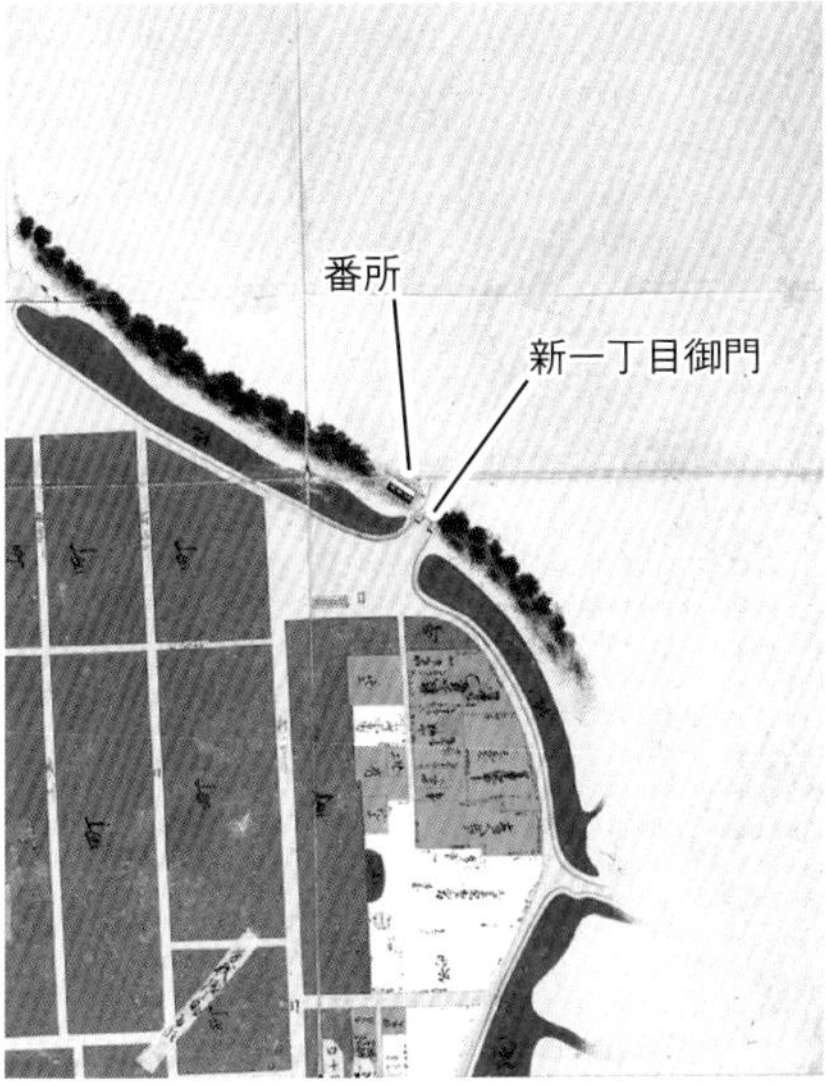

『高麗門 塩屋町之絵図』（部分）　新一丁目門辺りを抜粋。文政9年（1826）頃の絵図と推定される。（熊本県立図書館蔵）

法華坂を上ってみるとわかりますが、熊本城が建つ茶臼山は、東側が急な斜面で、西側は比較的傾斜が緩やかです。東側には白川と坪井川という自然の外堀と内堀もありました。簡単には攻められません。街道が通されるくらいなので、西側は東側よりはまだ攻めやすい地形だといえます。こうした地形的な弱点を補うために、新町は徹底して攻めにくい町として整備されたのです。

新町を歩いてみると、町人地でありながら非常に攻めにくいつくりとなっていることがわかります。武家地から町人地へという、土地利用の変化を如実に感じ取ることができるはずです。

法華坂　坂の上に日蓮宗（法華宗）の本妙寺があったことからこのように呼ばれた。慶長19年（1614）に本妙寺が移転したあとも名前は残った。

城下 3

台地上に築かれた高低差が魅力の「京町」

新堀櫓

豊前街道沿いの町人地

慶長11年（1606）から白川と坪井川の改修が行われ、城下町が広がっていきました。

二の丸から行幸坂を下り、空堀（新堀《しんぼり》）の手前には、熊本城に残るなかで最も北の櫓「新堀櫓」があります。「監物櫓《けんもつやぐら》」「長岡図書預り櫓」とも呼ばれていたこの櫓は、安政7年／万延元年（1860）に建てられた現存櫓です。

新堀を渡った辺りからが「京町《きょうまち》」です。新町に次いで町人地が成立した一帯です。ここでは、新堀に架かる新堀橋から、京町の地形を中心に見ていきます。

空堀といいましたが、新堀は現在「県道1号線」になっています。江戸時代には城と京町

新堀

愛染院　寛永9年（1632）に細川忠利によって招かれ、宥伝和尚が開いた真言宗寺院。

「京町一丁目交差点」より北側を撮影

の間は土橋で、空堀は東西で分断されていました。堀の底から京町までは、かなりの高さがあります。城から下りてくると気づきにくいですが、じつは京町の辺りは台地になっています。

ここから旧豊前街道に沿って北へ進んでいきます。「愛染院《あいぜんいん》」を左手（西）に見ながら進み、丁字路を右折（東）します。次の十字路が、かつては豊前街道と豊後街道の分かれ道となっていました。直進すれば旧豊後街道で、坪井町に通じています。左折（北）すれば旧豊前街道で、この街道沿いが京町です。

鉄砲衆が守った「榎坂」など台地西裾

街道沿いの街並みを見ていくと、家屋の正面に駐車場があり、奥まったところに建物があるという家が目立ちます。奥行きのある細長い土地が多いようです。

北に進み、1つ目の十字路で左（西）の細い道に入ります。豊前街道沿いより、間口の広い土地が若干多いように見えます。

古地図を見ると、京町南側の豊前街道沿いには町家が集まっており、その裏手から台地の裾にかけて下級の武家屋敷が並んでいました。そのため、先に述べたような形の違いが生まれたわけです。

次の道（油屋通り）を越えた辺りで、道が下り始めます。さらに西に進むと、かなり傾斜のある坂道につながっています。「雁木《がんぎ》坂」といい、かつては本妙寺（西区花園）への参道としてにぎわったようです。雁木というのは階段のことで、当時から石段が整えられていました。

京町は台地上にあり、東西は断崖になっています。この雁木坂のような急な坂がほかにも多数見られ、ほとんどは江戸時代から残っているものです。

京町台地の裾を北に歩いていくと、ほかにも名前のついた坂を見つけることができます。雁木坂すぐ北の「入《にゅう》道《どう》坂」は、入道のように大きく曲がっていることが名前の由来だといいます。

さらに北に進み、木々に囲まれた細い道が「榎《えのき》坂」

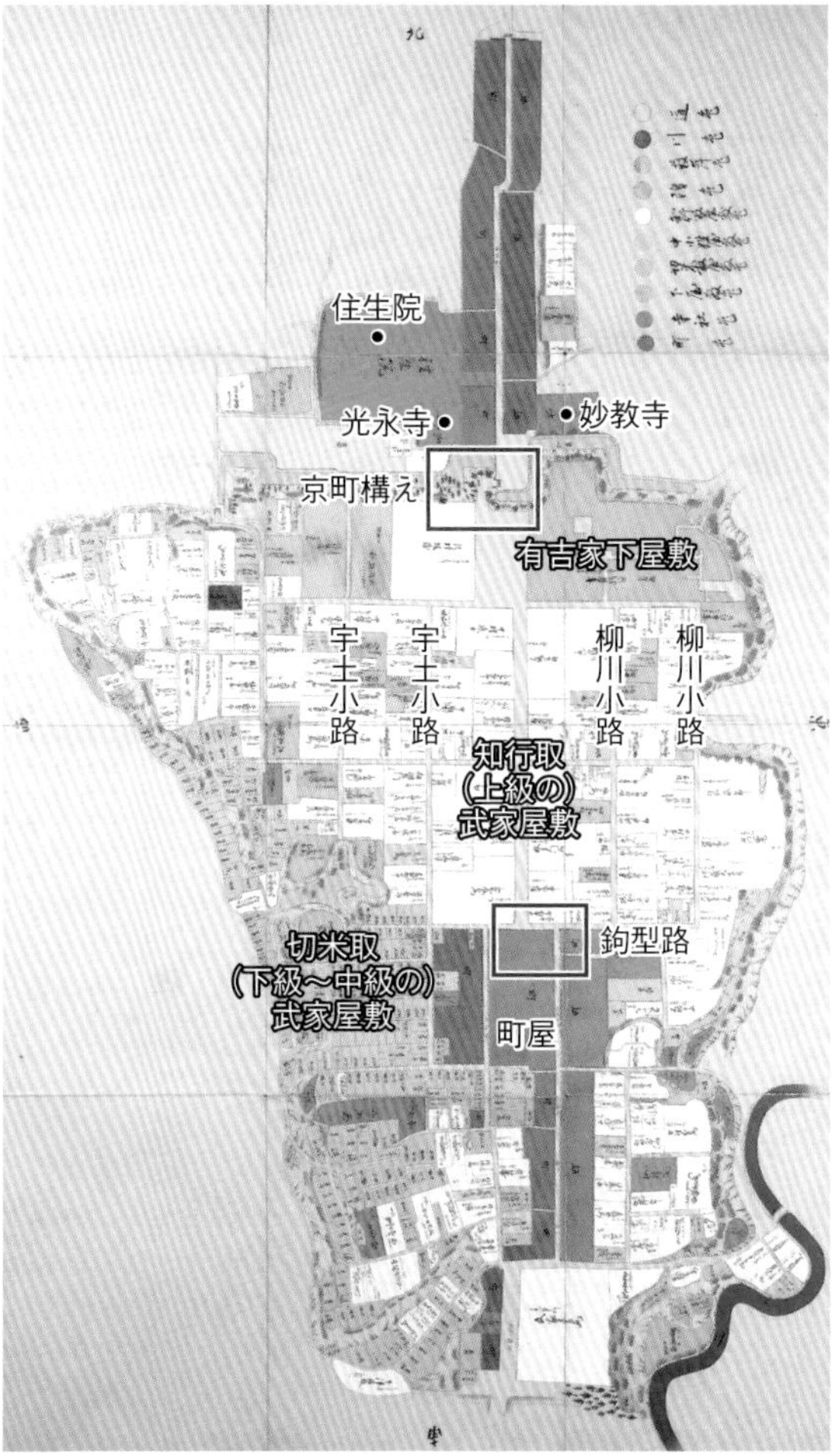

『京町之絵図』（熊本所分絵図）　安政4年（1857）以降の絵図と推定される。（永青文庫蔵、熊本大学附属図書館寄託）

榎坂

入道坂

雁木坂

です。道中にエノキの大木があったため、このような名前がついたといいます。

斜面から裾野には下級武士の屋敷が置かれていました。防衛が意識されており、入道坂や榎坂は鉄砲衆が守ることを想定していました。

鈎型路に斜めに通された道

榎坂を東へ上っていき、丁字路を左折（北）し、次の十字路を右折（東）すると、旧豊前街道に戻ります。広めの交差点に出ますが、この辺りだけ、道が斜めに走っていることに気づきます。直進するような細い道も通っていて、中洲のような空き地ができてしまっています。

もとは鈎型路だった交差点

古地図を見るとよくわかりますが、もともとこの場所は鈎型路になっていて、見通しの利かない道でした。加藤清正が防衛上の意図から行った町割りだと考えられています。しかし、交通の便は悪かったため、平成に入って今のように斜めに道が通されました。

名前だけ伝わる「柳川小路」「宇土小路」

旧豊前街道をさらに北に進むと、しばらくは見通しのよい直線の道が続いています。１つ目の交差点を越えた辺りからは、間口の広い土地が目につくようになります。古地図を見ても、この辺りからは街道沿いも武家屋敷が並んでいました。京町では、町人地の北と東西を武家地で囲むという、ほかの城下町ではあまり見られない土地利用がされています。

ところで、現在の地図と古地図を見比べてみると、先ほどの交差点から京町本丁にかけて、昔から変わらず、旧豊前街道と平行に走る小路が、東西に2本ずつ見られます（西側は途中で京陵中学校の敷地になってしまっていますが）。東は「柳川小路《やながわしゅうじ》」、西は「宇土《うと》小路《しゅうじ》」といいました。

清正は、関ケ原の戦いで西軍についた宇土の小西行《こにしゆき》長《なが》と、筑後柳川の立花宗茂《たちばなむねしげ》の家臣を再雇用していました。東に柳川立花家の家臣、西に宇土小西家の家臣を住まわせていたため、このような地名がついたようです。

　立花宗茂は、のちに家康から許されて返り咲きます。そのときに家臣たちは去っていったのですが、名前は残りました。現在は公的な地名としてはなくなってしまいましたが、通称として使われる場合があります。

厳重な京町北端の守り「京町構え」

　旧豊前街道を進むと、左手に熊本大学教育学部附属小学校が見えてきます。ずっと直線だった道が、再度蛇行しています。

　古地図を見ると、京町の北端には空堀と土塁があり、北への出入口は枡形状になっていたようです。この出入口は「京町構え」とも呼ばれました。現在の道と同じように、京町構えの南北で道が少しずれていることがわかります。

　京町は南北を空堀、東西を断崖に囲まれた、非常に守りやすい土地なのです。なお、この京町構えですが、寛永11年（１６３４）につくられたものの、平和になってきた影響なのか、寛永13年（１６３６）に道を拡張し、通りやすくした記録があります。

　残念ながら、はっきりとした堀や土塁の跡を見つけることはできません。熊本日日新聞の記事によると、現在マンションが建っている辺りに、平成22年（２０１０）頃までは堀跡が残っていたようです。

　現地図と古地図を見比べると、京町構え東側辺りの道の形がよく残っています。現在の住所でいうと、京町本丁6辺りで、住宅地になっています。江戸時代に

附属小学校前　東側（写真右）を通る旧豊前街道が、上り坂になっていて、少し蛇行している。

往生院参道
創建は安貞2年（1228）以前に遡るといわれる。享保9年（1724）に現在の場所に移転した。西南戦争で薩軍の本陣となったことで有名。

は家老有吉家の下屋敷がありました。

自然発生的に広がった「出京町」

本来の京町は、この京町構えまででした。しかし、時代が下ると外側にさらに町人地が形成されていきます。これが「出京町《できょうまち》」です。現在は池田や出町という町名になっています。この出京町がいつ頃できたのかは定かではありませんが、加藤家の時代にはすでにあった可能性が高いと考えられています。

附属小学校を通り過ぎ、すぐ左手（西）の小道に入ります。その先には、墓地を挟んで2軒の寺院が並んでいます。

古地図では堀の外側に「光永寺《こうえいじ》」と「往生院《おうじょういん》」という名前が確認できます。近寄って寺号を確認してみれば、古地図にある2寺で間違いないようです。旧豊前街道を挟んで東側にも、やはり古地図に名前のある「妙教寺《みょうきょうじ》」が確認できます。

位置関係からすると、附属小学校のグラウンド辺りが、かつては堀だったと考えられます。どの程度が土塁や空堀と関係するのかは定かではないものの、附属小学校周辺は、かなり起伏の激しい地形になっています。

歩いてみると、京町は非常に特徴的な地形をしていて、それを生かした町割りがされています。ここでは一部しか歩いていませんが、台地東西の坂はそれぞれ個性的です。足を延ばしてみるのもおすすめです。

光永寺前から西側を望む　高低差の大きさがわかる。

京町のおもな坂

城下町外に寄り道

熊本の発展を象徴する「肥後五か町」

熊本の城下町は水害に悩まされ、それにより発展が妨げられていた。しかし、加藤清正による治水工事のおかげで、住みやすい町へと変わっていった。「肥後五か町」と呼ばれる町は、商業や軍事などさまざまな面で発展し、熊本にとって重要な場所となった。

高瀬船着場跡　高瀬は細川忠利に肥後五か町に指定され、税関など重要な施設もいくつかつくられた。高瀬御蔵跡、晒船着場跡とあわせて、熊本藩高瀬米蔵跡として国の史跡に指定されている。

頻繁に氾濫が起こる沖積平野を河川工事で新しい城下町に変える

天正16年（1588）、加藤清正が肥後国北半分の領主として入国します。当初、清正は隈本《くまもと》城を改築し、入城しました。

しかし隈本城は古く小規模な城だったため、敵に対しての防御力に不安が残ります。そのため、一刻も早く新しい城を築く必要がありました。そこで清正は熊本城を築くことになりますが、それと同時に城下町を整備します。

清正がやってくる以前から城下町はありましたが、この土地には大きな問題もありました。それは、白川をはじめとする河川です。

白川の上流は阿蘇山にあり、白川が阿蘇山から運ぶ土砂や火山灰がたまってできた沖積《ちゅうせき》平野に、城下町が位置します。白川は阿蘇山から出る土砂や火山灰が堆積して川底が浅いという点や、白川が熊本市内より高い位置にあるため水の流れが速く、豪雨が降るとあっという間に水があふれる点から洪水が起きやすく、そのたびに河川の流れが変わるような状況でした。

こういった理由から、当時の城下町はたびたび川の氾濫に悩まされており、町の拡張がさまたげられていました。そこで清正は白川の治水工事を計画します。

『肥後国熊本府中之図』 天保4年（1833）の城下町を描いた絵図に治水工事前の川の推定流路を示している。（熊本県立図書館蔵）

河川を生かして港を整備 海外との貿易も行い発展する町

治水工事前の白川は、熊本城の南を大きく蛇行しながら流れており、城下を分断していました。清正の治水工事により、白川の流れをまっすぐに付け替え、東から合流していた坪井《つぼい》川を切り離します。

この工事によって、山崎、高田原《こうだばる》と呼ばれる地域に武家屋敷が建てられるようになりました。また坪井川は、新しく建てられる熊本城の内堀、白川は外堀として機能し、熊本城の南側の防御力を高めることにもつながりました。

新しくつくられた坪井川は有明海へと通じ、城下町の商家まで荷物を運ぶ、船運の航路として確立します。これによって新町《しんまち》・古町《ふるまち》が一気に商人町として発展していきます。

現在の井芹《いせり》川と坪井川が合流する辺りの高橋（現在の熊本市西区高橋町付近）は、城下町の外港として重

熊本市中央区黒髪から見た白川

要な役割を果たし、大きな発展を遂げました。熊本市の北西にある高瀬（現在の玉名市）には菊池川が流れていて、商人の町としてにぎわっていました。

清正はこの地に、この地域でつくられる年貢米の集積、保管場所である米蔵をつくりました。米は大坂へと運ばれるので、そのための港も整備します。この港は、国内だけでなく海外とも貿易を行っていて、商港としての役割を十全に果たしていました。

同様の場所が川尻《かわじり》や八代《やつしろ》にもあり、細川家の時代には熊本藩内の熊本、八代、高橋、高瀬、川尻は肥後五か町として指定されます。五か町に指定された町は町方や町奉行が置かれ、自治が行われました。

水運の拠点として重要視された熊本のもう一つの城「八代城」

熊本市の南にある八代市には、かつて「八代城」という城がありました。その歴史は非常に古く、八代の地頭職《じとうしき》となった名和義高《なわよしたか》が内河義真《うちかわよしざね》に命じ、建武元年（1334）に「古麓城《ふるふもと》」を築かせたことに始まります。古麓城は山城でした。

天正16年（1588）に宇土《うと》を拝領した小西行長《こにしゆきなが》が古麓城を廃して、球磨《くま》川河口に平城である「麦島《むぎしま》城」を築かせます。この近辺には中世の頃から徳淵津《とくぶちのつ》と呼ばれる貿易港があり、海外とのやり取りに便利な場所でした。

慶長20年／元和元年（1615）になると幕府からいわゆる一国一城令が公布されます。原則として一国に城は1つだけということになりますが、麦島城は廃城を免れました。

しかしそんな麦島城も、元和5年（1619）に地震によって倒壊してしまいます。そこで加藤清正の息子・忠広は、新たな城を築く許可を幕府から得ました。

忠広は、麦島城の対岸である松江の地に新たな城を築きました。この城はかつて「徳淵城」とも「松江城」とも呼ばれましたが、古麓城、麦島城も含めて八代城と呼ばれるのが一般的です。

寛永9年（1632）に加藤氏が改易となったあとは、細川忠利の父である忠興《ただおき》が八代城に入城しました。のちに忠興が亡くなると、細川家の筆頭家老である松《まつ》井《い》興長《おきなが》が八代城を預かることになります。以後、200年あまり松井氏が代々、八代城の城主として務めを果たすことになります。

一国一城令のもと、なぜ2つの城が許されたのかには諸説ありますが、地理的な要因が大きかったのではないかといわれています。これまで述べてきたように貿易の要として重要であったこと。そして薩摩藩や諸外国への牽制、防備としての役割が重要視されていたことが理由ではないか、と考えられています。熊本城と八代城、2つの城と城下町があることによって、熊本は大いに発展しました。

麦島城跡　小西行長が、重臣である小西行重に築かせた麦島城の跡。国指定の史跡となっている。

八代城跡　加藤氏の家老・加藤右馬允正方によって松江村に築かれた城。明治維新後に取り壊され、現在は石垣や堀が残っている。●JR「八代」駅から産交バス「八代宮前」バス停下車／熊本県八代市松江城町7-34

長六橋　昭和に鉄橋に架けかえられ、その後、白川の氾濫によって数度流失している。現在のものは、平成2年(1990)竣工。

城下 4

白川の旧流路に生まれた「山崎」「高田原」「手取」

「白川」の流路変更で生まれた武家地

慶長11年（1606）頃から始まった坪井川と白川の切り離し工事によって、慶長15年（1610）までには熊本城の南側に新たな土地が生まれていました。この土地は、おもに武家地として利用されていくことになります。「山崎《やまさき》」「高田原《こうだばる》」「手《て》取《とり》」と呼ばれた地域が、この新しい武家地です。

白川の流路を変える大工事の影響は、今でも地形や町割りで確認することができます。ここでは「長《ちょう》六《ろく》橋」から、かつて白川が通っていたと推定される辺りを歩きつつ、その名残をたどっていきます。

長六橋は熊本城の外堀を兼ねていた白川に、清正の時代に架けられた唯一の橋です。橋から北東を見ると「代継《よつぎ》橋」が見えますが、長六橋から代継橋の間が、清正によって通された新流路と目されています。

薩摩街道と日向往還が橋の南詰で合流していて、南から熊本に入るためには、基本的にはこの橋を通るようになっていました。そうした交通の要所だったためか、細川家の時代には橋の南詰に「迎町《むかえまち》」という町人地がつくられました。現在も国道3号線の一部を成していて、交通量の多い通りとなっています。

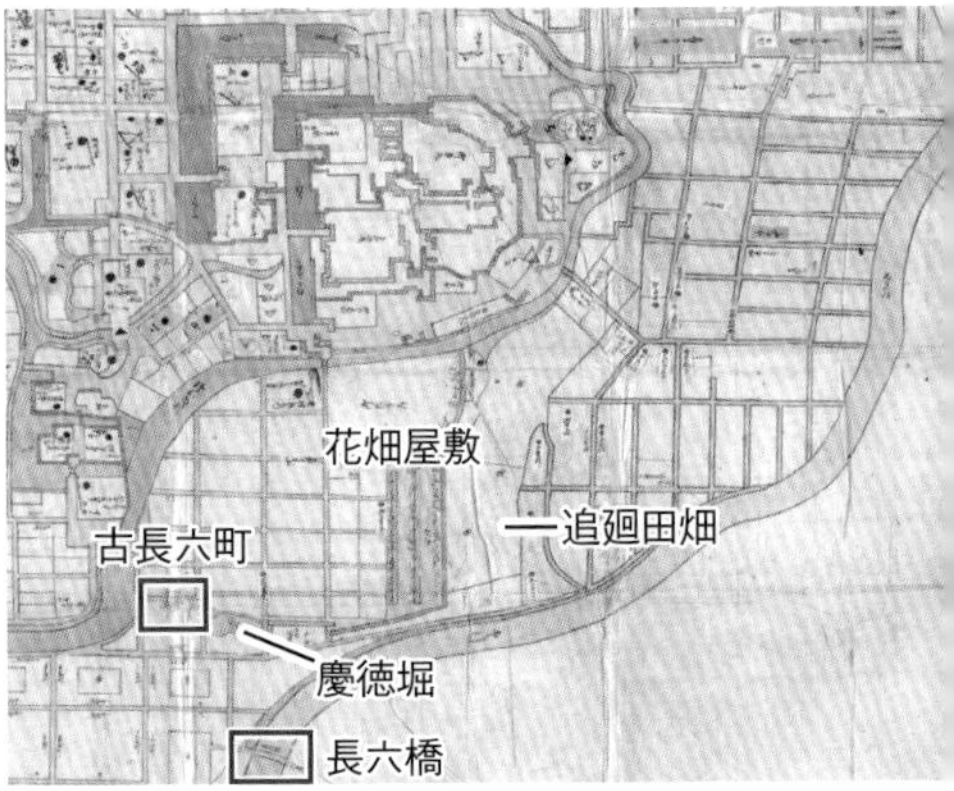

『熊本屋鋪割下絵図』（部分）　山崎から手取辺りを抜粋。（熊本県立図書館蔵）

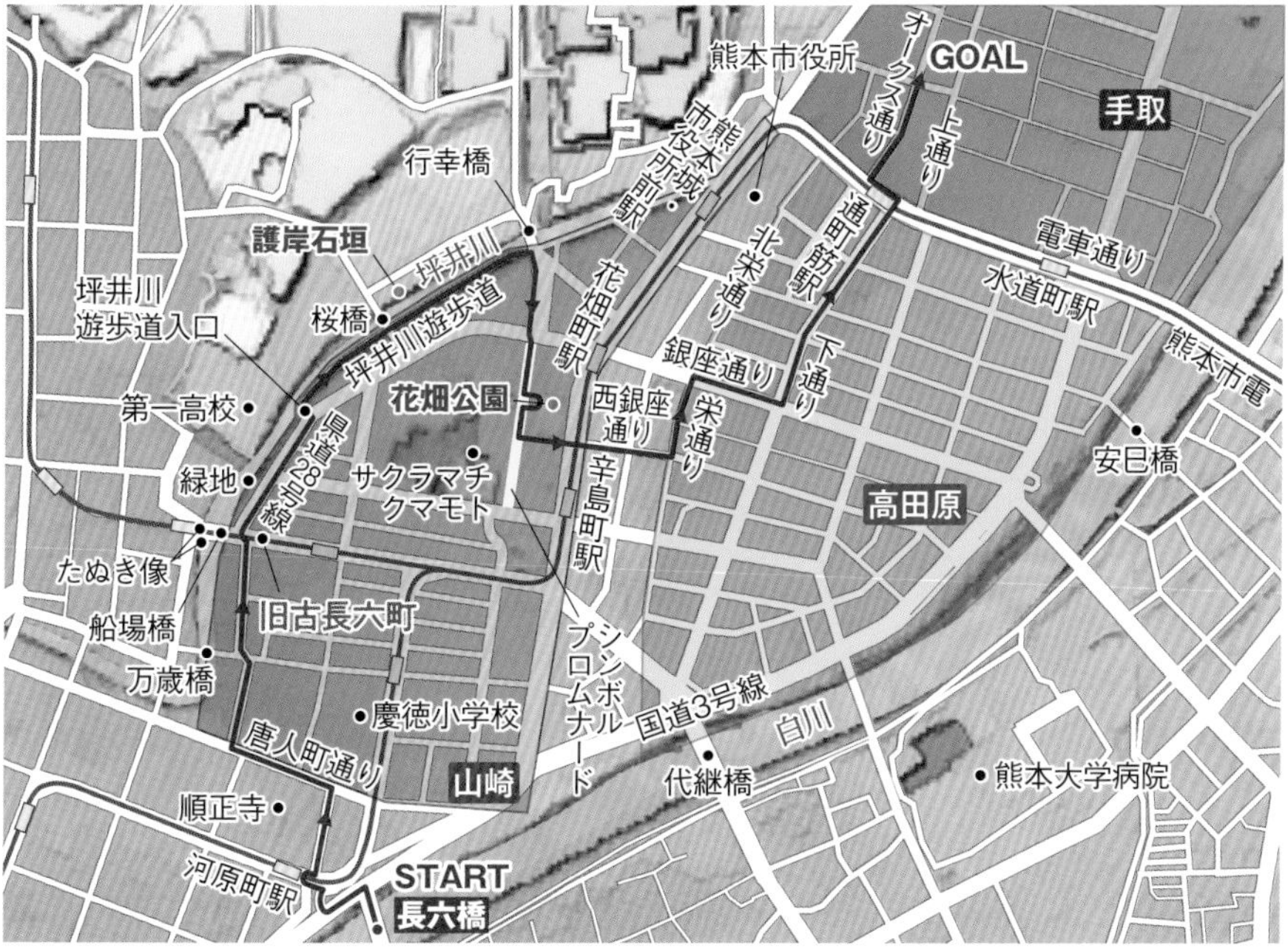

白川の埋め残しか「慶徳堀」

土塁の名残なのか、長六橋の北詰は市街地より高くなっていて、歩道を下りていくと左手（西）に市電「河原町《かわらまち》」駅が見えてきます。古地図を見ると、駅のある辺りから北に延びている道が早い段階で成立していて、現在市電が通っている道は細川家の時代に通されたものらしいことがわかります。ここでは、もともとの道を進んでいきます。

左手（西）に、宅地に囲まれた寺が見えていることからもわかるように、この辺りはまだ古町の一部です。正面の丁字路でぶつかっているのが「唐人町通り」で、94ページで

市電「河原町」駅

唐人町通り

見たように新三丁目橋（現在の明八橋）南詰に続いています。この通り沿いまでが古町で、流路が変えられるまでは、その北側を白川が流れていたということになります。

古地図では、丁字路の北、現在の「慶徳《けいとく》小学校」辺りに池が描かれています。この池は明治期まで残っていて、「慶徳堀」と呼ばれていたようです。白川の埋め残しではないかという説もあります。現在その面影は残っていませんが、唐人町通りから北側に延びる道を見ていくと、白川を埋め立てたことの名残なのか、微妙に下っていることがわかります。

高低差の激しい「万歳橋」東詰

唐人町通りを西へ進み、北へ延びる2本目の道で曲がります。住所表示を見ると、この辺りは「船場町」となっています。一般的に、加藤家の時代に坪井川経由で届いた荷を下ろす船着き場だったため、このような町名になったといいます。１２２ページの『平山城肥後国熊本城廻絵図』を見ると、山崎の中でも坪井川沿い、つまり船場には、古町からつながるように町人地が延びています。

　足もとに注意して歩いていくと、古町が非常に平坦だったのに対し、船場町には微妙な高低差が見られます。とくに船場町1丁目と3丁目の間のいびつな交差点付近は、周囲より凹んでいるよう

坪井川　万歳橋から南を撮影。急に曲がっていることがわかる。

万歳橋東詰付近

万歳橋東詰の道

に見えます。

　この交差点から左（西）を見ると、坪井川に架かる「万歳《ばんざい》橋」が見えます。この橋の南側で坪井川はほぼ直角に曲がっていて、あまり自然な流路には見えません。一節では、白川はこの辺りから、南東の長六橋のほうに流れていたと考えられています。周辺の高低差を考えると、船場町1丁目・3丁目のほうに流れてくるのは、むしろ自然に感じられます。

　万歳橋から坪井川沿いに北へ向かいます。ほどなく左手（西）に96ページでも見た「船場橋」が見えてきます。寛永7年（１６３０）頃の町を描いた『熊本屋鋪割下絵図』には、船場町付近に「古長六町」という地名を確認することができます。

　長六橋の架設年には諸説あるのですが、一説では慶長6年（１６０１）ともいいます。しかし、この時代はまだ白川の流路変更前です。同じ場所に架けることはできなかったはずです。この問題について、慶長6年（１６０１）に架けられた長六橋は現在の船場橋の辺りにあり、のちに白川に移されたものの、橋のそばの町名に痕跡が残ったのではないか、という説があります。

緩やかに弧を描く「坪井川」

　船場橋東詰の交差点を渡り、県道28号線を少し北へ歩くと、左手（西）に緑地が見えてきます。ここからは、97ページで見た古城町周辺を、坪井川側から見ることができます。

　さらに県道28号線を北へ進むと、左手（西）に「坪井川遊歩道」と書かれた案内板（木柱）が立っています。ビルと駐車場の間に挟まれたごく狭い通

船場橋東詰付近　かつて古長六町と呼ばれていた辺り。

坪井川遊歩道入口

路で、存在を知っていても見逃してしまいそうです。
ここに入っていくと、川沿いの遊歩道に出ます。こ

坪井川　桜橋南辺りを撮影。

こからは坪井川と護岸の石垣がよく見えます。

この護岸の石垣が整備されたのは、白川と坪井川が切り離されてから少したった、加藤忠広の時代のようです。打ち込みハギのようですが、石材の加工度合いは場所によってまちまちで、修理が行われたのだろうことが察せられます。

遊歩道を歩いていくと実感できますが、坪井川は城の南側辺りで緩やかに弧を描いています。白川は現在の「熊本市役所」辺りで北側から流れてきた坪井川と合流し、大きく弧を描きながら南に向かって流れていました。この辺りの坪井川の流路は、旧白川の一部が残ったものと考えられています。

江戸時代から残る「花畑屋敷」のクスノキ

坪井川遊歩道をそのまま歩いていくと、「桜橋」を経て「行幸橋」にたどり着きます。行幸橋を渡って、その前の行幸坂を上っていけば熊本城の特別見学通路南口に続いています。熊本城への観光客で非常ににぎわっている界隈です。

ここでは観光客の流れに逆行し、橋の袂《たもと》に立つ加藤

清正像から南に、「熊本市民会館」と「国際交流会館」の間の道を進みます。県道28号線を渡った辺りから、シンボルプロムナードという広い歩道になっています。右手（西）の「サクラマチクマモト」というショッピングモールが目を引き、左手（東）には一段高くなったところに「花畑《はなばた》公園」があり、市指定天然記念物の大クスノキがそびえています。

この辺りまでが山崎地区です。城からも便利のよい立地で、おもに上級から中級の武士が屋敷を構えていました。

花畑公園の周辺は現在の町名で「花畑町」といいます。おおよそこの範囲に、江戸時代には「花畑屋敷」という藩主の屋敷がありました。もともとは清正が別邸として建てたものですが、細川家熊本藩初代藩主の細川忠利が、本丸御殿は地震に弱いことなどを理由にこの屋敷に移って以降、藩主の居館となりました。

西南戦争や第二次世界大戦の戦禍によって、現在その名残はほとんど見つけることができません。近年は再開発が進んでおり、今後も姿を変えていくと思われます。先ほど触れた花畑公園が数少ない当時の名残で、屋敷の南西端に当たります。屋敷の庭園の一部で、クスノキはこの頃から残るものです。

シンボルプロムナードとサクラマチクマモト

花畑公園

「山崎練兵場」により消えた広小路

細川家の古地図を見ると、花畑屋敷の西側には広小路が取られています。この道は勢溜としての意味ももっていて、藩主が参勤交代に出発する際には、家臣が集まったようです。

シンボルプロムナードはその道を継承しているかのように見えるのですが、じつは違います。明治になると山崎の一部を陸軍が買収

『**両軍配備図**』(部分)　山崎付近を抜粋。西南戦争(1877)頃。(熊本博物館蔵)

『**平山城肥後国熊本城廻絵図**』(部分)　花畑屋敷付近を抜粋。正保元年(1644)に幕府からの求めに応じてつくられた『正保城絵図』の控え。(熊本県立図書館蔵)

し、「山崎練兵場」を建設しました。現在の桜町も練兵場の一部となってしまいます。

　のちに新市街が築かれますが、桜町には工場などが置かれました。それも第二次世界大戦の空襲で焼失し、戦後は跡地に県庁などが移ってくることになります。

　江戸時代の面影を失ってしまった桜町に、再開発の一環として市が改めて整備したのがシンボルプロムナードです。江戸時代の広小路をイメージしてデザインされたそうです。町割りとしては江戸時代と連続していませんが、地元の人の郷里に対する想いはこもっているようです。

旧白川の名残「追廻田畑」

　花畑公園の南端から東に進むと、「西銀座通り」の入口が見えてきます。この通りを進むと、「銀杏《ぎんなん》中通り」から「栄《さかえ》通り」にかけて、目に見えて道が下っています。

　この辺りが花畑屋敷の東端です。花畑屋敷は周辺より少し高くなっていて、また、花畑屋敷のすぐ東に「追廻《おいまわし》田畑《たばた》」という低湿地が広がっていたため、この

西銀座通り　左は入口付近。右は高低差のある辺り。

ような高低差が生まれています。花畑屋敷の堀としての役目ももっていたらしいこの低湿地ですが、これこそ旧白川の流路の名残だったと考えられています。

追廻田畑は、第二次世界大戦後に、戦災によって生じた瓦礫《がれき》で埋められてしまいます。しかし、微妙な高低差となって現在にも名残をとどめています。

かつての追廻田畑跡、つまりは旧白川跡ということになる栄通りを北に向かいます。高低差があると同時に、緩やかに道が曲がっています。おそらくは旧白川の流路から引き継がれた曲線です。

栄通りは「銀座通り」を経て「北栄通り」と名を変

栄通り　南から撮影。

えて、熊本市役所の辺りまで続いています。先述のとおり、ここで坪井川と合流していました。

下通りのアーケード街　くの字になっていることがわかる。

白川に沿ってくの字に曲がる「下通り」

これでおおよそ旧白川の流路を見てきたことになりますが、もう少し足を延ばして、白川の流路変更によって生まれた残り2つの武家地も、簡単に見ていきます。栄通りから右折（東）して「銀座通り」に入ると、この辺りからが「高田原」です。山崎よりは身分の低い武士や、重臣の下屋敷（別宅）が置かれました。

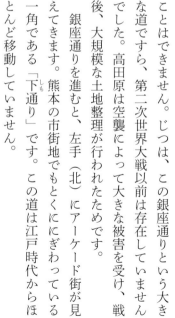

高田原地域では、あまり江戸時代の痕跡を見つけることはできません。じつは、この銀座通りという大きな道ですら、第二次世界大戦以前は存在していませんでした。高田原は空襲によって大きな被害を受け、戦後、大規模な土地整理が行われたためです。

下通りから東を撮影　現在の白川に向かって緩やかな上り坂になっている。

銀座通りを進むと、左手（北）にアーケード街が見えてきます。熊本の市街地でもとくににぎわっている一角である「下《しも》通り」です。この道は江戸時代からほとんど移動していません。

下通りを北に進んでいくと、途中で道がくの字に曲がっていることに気づきます。これも旧白川の流路の影響だと考えられています。

また、右（東）に延びる各通りを見ていくと、若干上り坂になっています。西側が低地だということが改めて確認できます。

武家地が焼け文教地区となった「手取」

下通りを抜けると、鶴屋百貨店などの並ぶ「電車通り」です。左（西）を見ると、熊本城の天守がよく見えます。電車通りを挟んだ北側が「手取」です。高田原と同様に、おもに下級武士の屋敷が置かれました。「上通り」の西側は道が曲がったりしていますが、江戸時代には坪井川がもっと市街地に近いところを流れていたためです。

オークス通りのクスノキ並木

電車通りを渡って、左手（西）に見える小道に入ります。しばらく進むと、道の右手に立派な街路樹が並んでいます。これはかつてこの場所にあった県立高等女学校（現在の県立第一高校）の運動場に、明治41年（1908）に植えられたクスノキ並木だといいます。この小道は「オークス通り」と呼ばれますが、このクスノキ並木が名前の由来です。

武家地が西南戦争によって焼けたのち、この辺りの空いた土地に多くの学校が集まっていました。北の上林町に、「熊本信愛女学院」がありますが、この学校は周辺が文京地区としてにぎわった明治から続く学校です。

ここまで見てきたように、白川の流路変更によって生まれた武家地の土地利用には、白川の旧流路の影響が見え隠れします。また、西南戦争や第二次世界大戦による影響のとくに大きな一帯でもあり、清正の時代、明治、昭和と時代を超えたダイナミックな地形の改変を実感できる場所でもあります。実際に歩いてみることで、たくさんの発見がある場所だといえます。

城下 5

「内坪井」から「竹部」、細川の武家地を追う

「京町台地」の麓から武家地が発展

寛永9年（1632）、細川忠利が熊本藩主となりました。加藤家が治めた慶長16年（1611）に、武士と町人を合わせて約1万3000人だった城下町の総人口は、細川家が藩主となったのちの享保年間（1716〜36）には、町人だけで2万人を数えるまでに増加します。

細川家は加増や国替えのたびに新たな家臣を増やしており、新たに召し抱えた家臣を伴って領国へ入っていました。早期にその地域での勢力を築く狙いがあったとされています。武士が増えれば、その生活を支える町人も増えていきます。

増加した人々、とくに武士たちが住む屋敷は、細川家の時代に城の北東へと広がっていきました。加藤家の時代に京町台地の麓に成立した「内坪井《うちつぼい》」を起点に、細川家の時代に発展した武家地を追いかけます。

内坪井の要衝「中坂」

内坪井は加藤家の時代に成立した武家地です。清正が熊本城を築いた茶臼山の北東部には、もともと坪井川が流れていました。清正は河川改修によって坪井川の流れを堀に仕立て、京町台地の麓にある内坪井地域を「古坪井中《ふるつぼいなか》」と称しました。

清正は古坪井中を計画的に屋敷割りし、そこに中下

中坂　上は坂道の入口付近。新坂との分岐が見える。下は石碑付近。

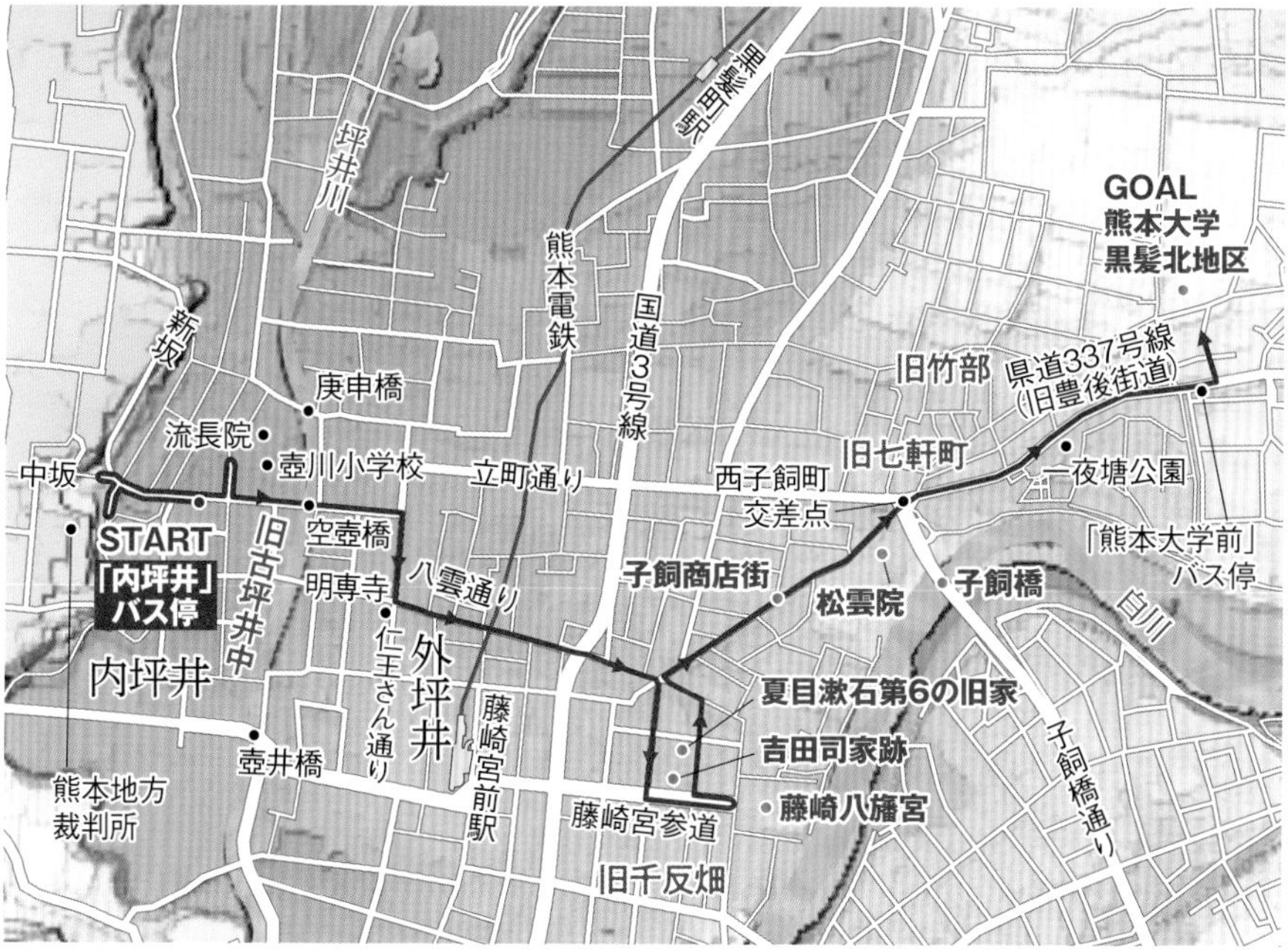

級の家臣たちを住まわせます。そうして内坪井地域は、熊本城の北東部の守りを固める武家地となりました。「内坪井」バス停から西へ道なりに歩いていくと、Y字路が見えてきます。正面の、京町台地をまっすぐ上る坂道の入口には、この坂道が「中坂《なかざか》」であることを示す石碑が立っています。

中坂は現在の熊本地方裁判所の北側を通り、京町台地の西側にある雁木坂（108ページ）に通じています。江戸時代には本妙寺への参道として使われていました。また、ここは地方裁判所の南側を通る観音坂とともに参勤交代の道としても使われた要衝です。

なお、右手（北）に続いているのは、明治時代に新設された九州鉄道池田駅（現在の上熊本駅）と内坪井を結んだ「新坂《しんざか》」です。

かつての「坪井川」は暗渠化

かつて坪井川は、この京町台地の麓を流れていました。この場所が内坪井の西端でもあります。そんな坪井川の流れも、現在は住宅地の地下を通る暗渠《あんきょ》となっていて、地上から見ることはできません。

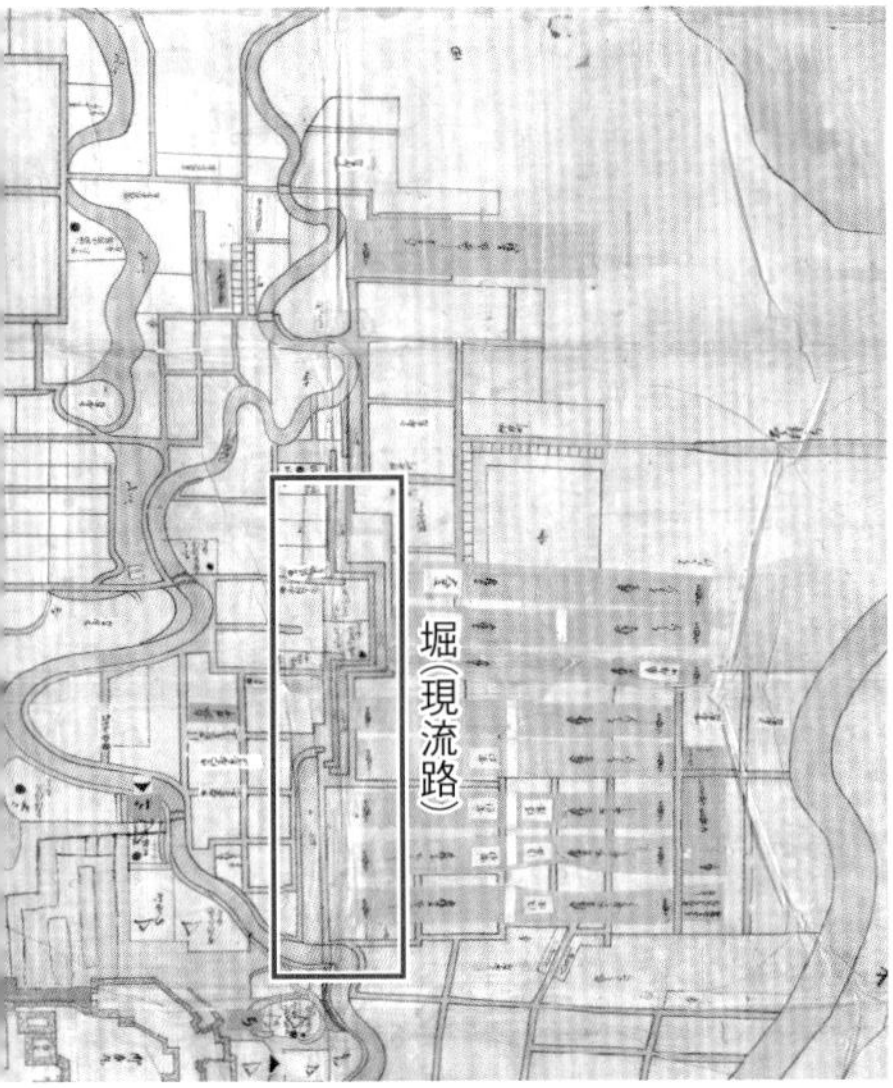

『熊本屋鋪割下絵図』（部分）　坪井から東を抜粋。寛永7年（1630）前後。（熊本県立図書館蔵）

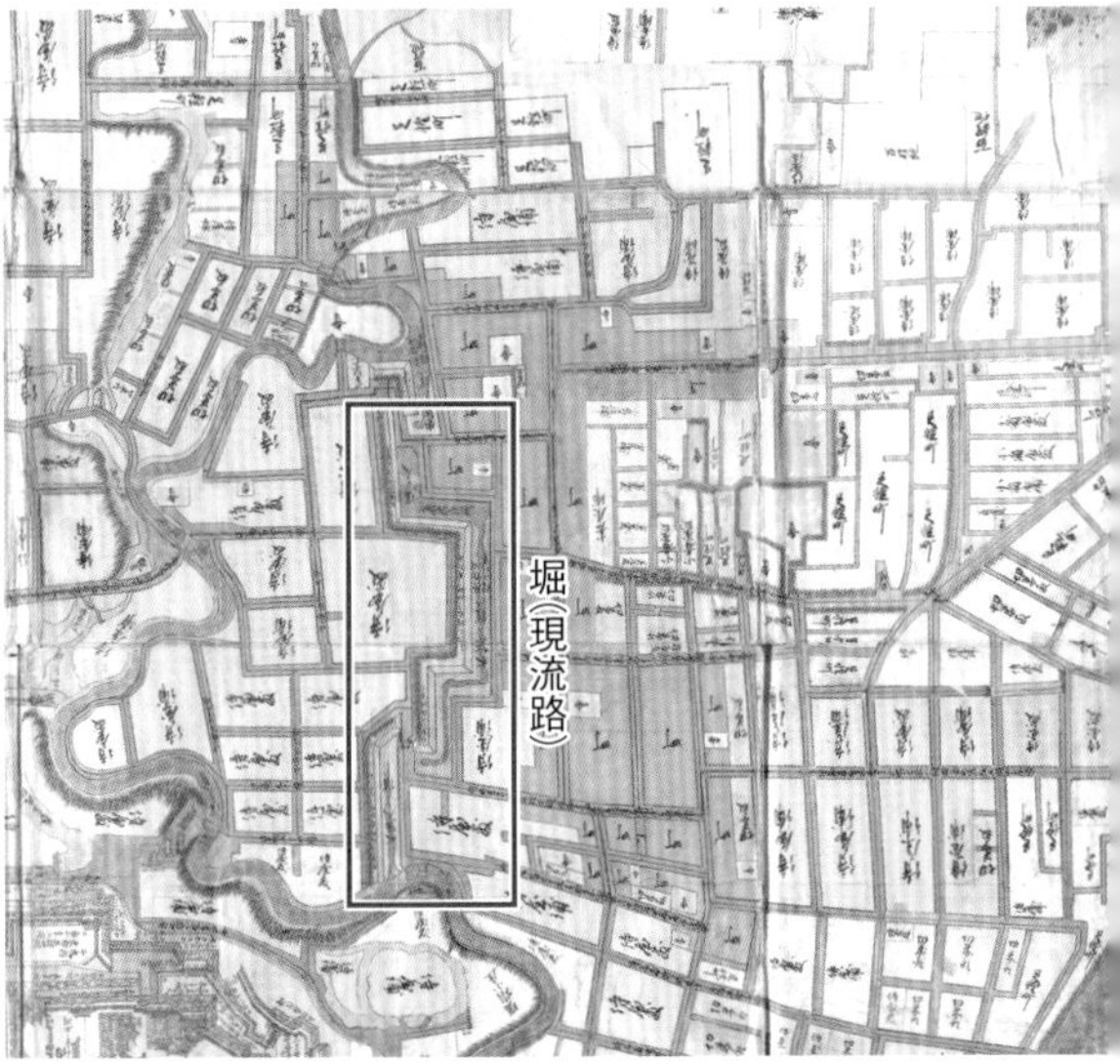

『平山城肥後国熊本城廻絵図』（部分）　坪井から東を抜粋。正保元年（1644）以降。（熊本県立図書館蔵）

古地図からその姿をうかがい知ることができます。『平山城肥後国熊本城廻絵図』と『熊本屋鋪割下絵図』などの古地図を見ると、くねくねとした坪井川の流路や、内坪井の東側に堀があったことがわかります。内坪井の西側を蛇行して流れる坪井川を堀の一部とするため、加藤家の時代に、東に今の坪井川に継承される流路がつくられました。

熊本地方裁判所裏手の崖地

中坂から少し引き返し、マンション脇の階段を下ります。階段下にも道が通り、立体交差になっていますが、上の道はもとは坪井川に架かっていた橋です。

階段下の道は坪井川の旧流路に沿って整えられてい

るようです。この道沿いに南へ進むと、右手（西）の崖上に「熊本地方裁判所」が見えます。京町台地の崖地は現在も残っていることがわかります。内坪井と京町の高低差は約20メートルにも及びます。

昭和初期の改修で現在の坪井川に

裁判所の裏手からスタート地点の内坪井バス停まで戻り、今度は東へ向かいます。ほどなく、左手（北）に「壺川《こせん》小学校」が見えてきます。壺川小学校のグラウンド西側には「曹洞宗《そうとうしゅう》流《りゅう》長《ちょう》院《いん》禅《ぜん》院《いん》入口」の石碑があります。

この交差点を左折すると、右手に「流長院」が見えてきます。流長院は壺川小学校の北側に位置し、現在の坪井川に面しています。

寺伝によると、創建は慶長5年（1600）、たび重なる水害により山門や記録その他が失われたと伝えられています。

坪井川が現在の流れになったのは、昭和7年から11

流長院禅院入口の石碑　壺川小学校のグラウンド西側に石碑が見える。

坪井川　現在の流路。非常に直線的で、人工的に整えられたことが察せられる。

『熊本市街全図』（部分）　内坪井周辺を抜粋。明治32年（1899）のもの。まだ西側の流路が確認できる。（熊本県立図書館蔵）

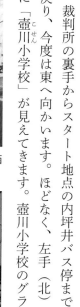

年（1932〜36）に行われた大改修によるものです。先ほど触れた堀は、現在の坪井川の「庚申橋《こうしん》」から「壺井橋」の付近にあったとされています。市街地の洪水を防ぐことを目的に、これら3つの堀を開削、埋め立てし、坪井川の流れを直線化する目的で行われた大規模な河川改修工事でした。

結果として、京町台地の麓を蛇行して流れていた旧流路は坪井川の本流と切り離されることになりました。排水路として熊本市に管理されています。

細川時代の町人地「外坪井」

壺川小学校前を東へ向かって直進すると、坪井川が見えてきます。坪井川に架かる「空壺橋《からつぼ》」を渡ると「坪井」地区です。

熊本城の内堀でもあった現在の坪井川の外側は「外《ほか》坪井《つぼい》」と呼ばれ、江戸時代には町人地が形成されました。江戸末期の地図では「鍛冶屋町」「魚屋町」などの町名が確認できます。

外坪井の町家は古町、新町、京町と比較して広くはありませんでしたが、細川家が入国して以降は、古町などと同じく職業による住み分けがされていました。さらに、細川家の時代に著しく増えた千反畑《せんだんばた》や竹部《たけべ》の侍屋敷や下屋敷に対応する形で、外坪井一帯に町家が置かれたという経緯があります。

坪井川を渡りさらに東へと直進すると、「仁王《におう》さん通り」と交わる十字路に行き当たります。十字路を右

仁王さん通りの祠

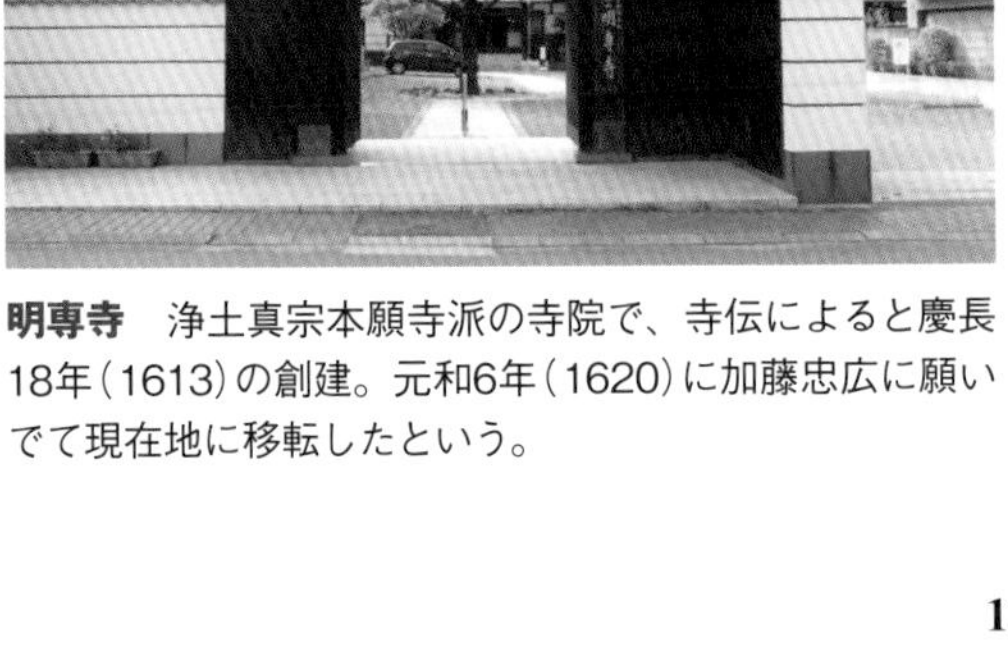

明専寺　浄土真宗本願寺派の寺院で、寺伝によると慶長18年（1613）の創建。元和6年（1620）に加藤忠広に願いでて現在地に移転したという。

八雲通りの路地　歩道もなくなり路地も次第に細くなっていく。車や歩行者が行き交う生活道路にもなっている。

折（南）して仁王さん通りへ入り、少し歩くと左手（東）に小さな祠が、そして右手（西）には「明専寺《みょうせんじ》」の山門が見えてきます。祠のある十字路を左（東）へ折れ「八雲《やくも》通り」を進みます。

　細川家の時代も、城下町は加藤家の時代に築かれた町並みを踏襲していましたが、それだけでは土地が足りず、空白地帯を埋めるように開発されていきました。その影響か熊本城から離れるにしたがって、しだいに道幅は狭く、町割りは複雑になっています。

　加藤家の時代に武家屋敷や町家が建っていたのは、おもにこの外坪井まででした。ここから、細川家の時代に城下町が拡大していった辺りに進んでいきます。

畑が広がる千反畑も武家地となる

　八雲通りを東に進み熊本電鉄の踏切を越え、熊本市内を南北に走る国道3号線を越えると「千反畑」に入ります。

　加藤家の時代の千反畑は、ところどころに家がある程度で、おもに畑の広がる人口密度の低い地域でした。細川家の時代になって、武家地の不足を補うために開発されてからは、坪井地域と接する千反畑中央部に知行取（俸禄として土地を分与された中・上級の武士）や切米取（俸禄として米を与えられた下級武士）の屋敷が置かれ、さらに東側の白川沿いには、おもに足軽・小者屋敷が置かれました。

西南戦争で移転した「藤崎八旛宮」

　八雲通りを直進すると、「子飼《こかい》商店街」入口の看板が見えてきます。複雑な五差路になっていますが、南の道を進みます。

　2つめの交差点角に「くさは餅本舗」の店舗が見えます。左（東）を見ると、道沿いに灯籠の形の街灯が

藤崎八旛宮　社記によると、藤崎八旛宮の「旛」の字は天文11年（1542）に後奈良天皇が与えたと伝えられる
●熊本市電「水道町」駅または熊本電鉄「藤崎宮前」駅より／熊本市中央区井川淵町3-1

藤崎宮参道

並んでいて、道の奥に朱色の楼門が見えます。

この道は地図で見ると「藤崎《ふじさき》宮参道」とあります。藤崎宮とは「藤崎八旛宮《はちまんぐう》」のことで、この道は表参道にあたります。

藤崎宮（現在の藤崎八旛宮）は、承平5年（935）に朱雀天皇が平将門の乱平定を祈願して、京都の石清《いわし》水《みず》八幡大神を国家鎮守の神として茶臼山にまつったことに始まる神社です。もともとは、藤崎台県営野球場が建っている辺りにありましたが、西南戦争（1877）で焼失し、現在の場所に移されました。熊本市を代表する神社として信仰されており、秋の藤崎八旛宮例大祭では随兵行列や馬追いなど勇壮な呼び物も披露されます。

「吉田司家」「夏目漱石」参道そばの旧家跡

参道の左手（北）に建つマンションの壁に、「吉田《よしだ》司《つかさ》家」跡を示す説明板が掲げられています。吉田司家は約840年続いている相撲行司の家元です。後鳥羽天皇が宮中での相撲の儀式を復活した際、相撲の故実礼式に詳しい越前（現在の福井県）の吉田家次が相撲行司宮に任じられ、「追風《おいかぜ》」の号と団扇を賜ったことに始まります。

19代追風が4代横綱谷風梶之助《たにかぜかじのすけ》に横綱免状を与え、それ以来40代横綱 東富士欽壱《あずまふじきんいち》まで吉田司家による横綱免許状授与式が続きました。細川家熊本藩3代藩主綱利《つなとし》が15代追風を肥後に招き、吉田司家は細川家に仕えるようになります。現在はこの説明板以外に名残を残すものは見られません。

藤崎八旛宮本殿を参拝し、千反畑へ戻ります。参道を西へ戻り、吉田司家跡の手前で右折（北）し、道なりに進むと、左手（西）に「夏目漱石旧居」が見えてきます。漱石が明治33年（１９００）に英国留学する前の数か月を家族と過ごした、熊本で最後に住んだ住宅です。建物内への立ち入りはできませんが、門戸の外から見学することができます。

夏目漱石旧居を後にして、同じ路地をそのまま北へ直進します。丁字路で左折(西)すると、先ほど通り過ぎた子飼商店街の入口に戻ってきます。

子飼商店街のある路地は江戸時代から同じ場所にあり、周辺は「鋤身崎《すきのみざき》」と呼ばれました。白川沿いの「松雲院《しょううんいん》」まで続いています。城の北東部と豊後街道をまっすぐ結ぶために、計画的に通されたと考えられています。明暦元年（１６５５）〜寛文2年（１６６２）のものとみられる絵図には、細川家の家

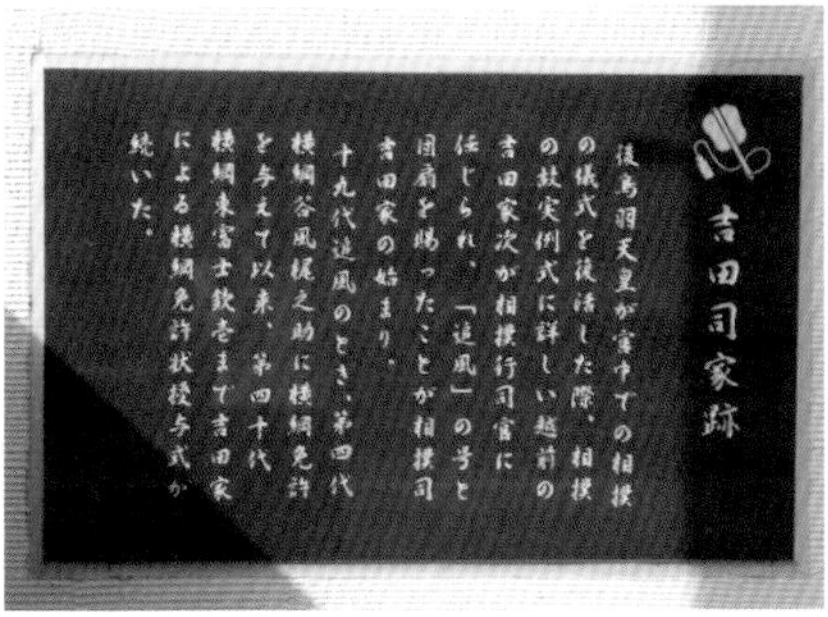

吉田司家跡　かつて吉田司家の屋敷があった場所には現在マンションが建つ。

夏目漱石第6の旧居　漱石が住んでいた当時の場所で現存する旧居は、全国でもこの家と、内坪井の第5旧居のみだという。

老である長岡（松井）式部《しきぶ》・沼田小兵衛《こへえ》の下屋敷が描かれており、細川家入国以降の早い段階で一帯の整備が進んだことがわかります。

城下町の最北東端「竹部」

子飼商店街には、狭い路地に青果店、精肉店、雑貨店などが並んでいます。昭和の面影を残す商店街として地元の人々に親しまれ、歳末に大勢の買い物客でにぎわう様子は熊本の風物詩でもあります。

子飼商店街を抜けると、正面に「西子飼町交差点」が見えます。日本初のスクランブル交差点ともいわれており、昭和43年（１９６８）に歩車分離式信号機が設置されました。東西の道が旧豊後街道（県道３３７号線）、南東に延びる道が白川に架かる「子飼橋」に通じる「子飼橋通り」です。

西子飼町交差点を東方向へ横断し、旧豊後街道に入ります。この周辺は江戸時代に「竹部《たけべ》」と呼ばれていた地域です。千反畑や外坪井が武家屋敷や町家で埋まると、それでも不足した武家地を補うため、坪井地域と接しており、土地が確保できる北東部に位置していた竹部村が、新たに開発されていきました。

竹部という地名は江戸時代から明治9年（１８７６）頃まで使われていました。由来は定かではありませんが、古代の豪族に由来するとの説もあります。竹部は絵図などではしばしば「建部《たけべ》」とも記されていて、大

子飼商店街

西子飼町交差点　奥に向かって延びるのが旧豊後街道。

和朝廷が軍事的部民《べみん》として配置した建部《たけるべ》という氏族の拠点地があったのではないかとされます。

短期間で完成した堤防「一夜塘」

幕末には現在の熊本大学の周辺まで武家屋敷があったといわれています。この熊本大学を目指して、旧豊後街道を進んでいきます。

西子飼町交差点から熊本大学周辺は現在、「子飼本《こかいほん》町《まち》」という地名になっています。江戸時代から昭和47年（1972）まで、この辺りは「七軒町《しちけんちょう》」とも呼ばれていました。昔、戸数が7戸であったため名づけられたとの説があります。

一夜塘跡　一夜塘公園の中央に石碑が立っている。白川と旧豊後街道の間に位置する堤防跡。

熊本大学方面へしばらく歩くと、右手（南）に高さ3メートルほどの石垣と「一夜塘《いちやども》」の石碑が見えてきます。碑文によると、一夜塘は子飼橋にかけて白川沿いに築かれた堤防です。

清正の時代に築かれたといわれる土塁が、寛政8年（1796）の白川の洪水で決壊して大きな被害が出たため、細川家熊本藩8代藩主斉茲《なりしげ》が堤防を復旧させました。斉茲は復旧工事を急がせ、しばしば乗馬で訪れ督励したといいます。

8月から年末までの期間で完成した堤防は「豊年塘」と名づけられましたが、非常に短期間で築かれたことから「一夜塘」と呼ばれるようになりました。現在は跡地が「一夜塘公園」になっています。

一夜塘を過ぎてほどなく、左手に見えてくる煉瓦造の門が熊本大学表門です。内坪井、坪井、千反畑、竹部と熊本城下の武家地を見てきました。実際に歩いてみることで、加藤家の時代に成立し、重臣らが住んだ内坪井周辺と、細川時代に広げられたそのほかの地域では、町並みや景色が大きく違うことを体感できるはずです。

城下町外に寄り道

熊本藩を発展させた細川氏の２つの廟所

三つ御廟　北岡自然公園内にある細川家の廟。細川忠利とその夫人、そして細川光尚の廟が横一列に３つ並んでいる。●JR「熊本」駅より／熊本市中央区横手2-5-1

熊本藩の基礎となる熊本城を築いたのは、城づくりの名人といわれる加藤清正だ。しかしその後、熊本を治め、長く繁栄させたのは細川氏だった。11代、約240年間にわたって統治を続けた細川氏の廟所をめぐる。

熊本を約２４０年の間、治めていた11代続く熊本藩主・細川家

天正16年（１５８８）、加藤清正が肥後国《ひごのくに》に入国し領主となりました。その後、加藤清正の三男である忠広が熊本を治めていましたが改易となり、わずか2代でその統治は終わりを迎えます。その後を継いで熊本藩主となったのが、当時、豊前国《ぶぜんのくに》小倉《こくら》藩の２代藩主だった細川忠利《ただとし》です。

細川家が選ばれた理由は、薩摩ににらみを利かせる武力があり、かつ文化的にも優れた家柄であることなど、いくつかの条件が合ったからだといわれています。細川家の統治は、細川家熊本藩初代である忠利から11代である韶邦《よしくに》まで、約２４０年間続きました。

父の菩提を弔うために細川光尚が建てた「妙解寺」

熊本藩主であった細川家の菩提寺は、熊本県内に2か所あります。そのうちの１つが「妙解寺《みょうげじ》」です。

妙解寺は細川家熊本藩2代である細川光尚《みつなお》が、父で

ある忠利の菩提を弔うために建てた寺です。臨済宗の寺であり、建立は寛永19年（１６４２）です。

　寺号である妙解寺は、忠利の戒名である妙解院から取られています。しかし、明治の神仏分離令の際に廃寺となってしまいます。その後は細川家北岡別邸として利用されていましたが、昭和20年（１９４５）に空襲で焼失しました。

現在は市民に開放された公園に、細川氏やその関係者が眠る

　それから10年後の昭和30年（１９５５）、熊本市が細川家からゆずり受け、「北岡自然公園」として整備されてからは、有料で市民へ開放されています。

　北岡自然公園は、ＪＲ「熊本」駅の北側、花岡《はなおか》山の麓にあります。花岡山は標高約１３３メートルの小さな山です。

　熊本城築城の際、加藤清正がこの山から石を切り出したといわれています。頂上には、工事の際に指揮していた加藤清正が腰かけたといわれる「腰掛石」があ

加藤清正の腰掛石

北岡自然公園山門　廃寺となった妙解寺の名残を感じさせる山門。そばには石橋もある。

ります。

北岡自然公園内にはバラ園や枯山水などがあり、市民の憩いの場となっています。妙解寺自体は廃寺となっていますが、その名残が山門や石橋などの一部の建物に見ることができます。

石灯籠の横を進んで突き当たりの石段を上がった先に、唐門と堀で囲まれた霊廟があります。そこには細川忠利とその夫人、そして忠利の息子の光尚の廟が3棟あり、「三つ御廟」と呼ばれています。

この3つ御廟の右側には忠利の殉死者15名の墓が、左側には光尚の殉死者15名の墓があります。忠利の殉死者のなかには、細川氏の重臣だった阿部弥一右衛門《やいちえもん》が含まれており、森鷗外がこれをモデルにした小説『阿部一族』を書いたことで知られています。ほかに忠臣蔵で有名な赤穂浪士17人を預かった細川家熊本藩3代藩主綱利《つなとし》の墓や、藩の財政再建に尽力し「肥後の鳳凰」と呼ばれた細川家熊本藩6代藩主重賢《しげかた》の墓があります。

四つ御廟　立田自然公園内にある細川藤孝（幽斎）夫妻と、細川忠興夫妻の廟。一番左に細川ガラシャの廟がある。（熊本市提供）●産交バス「立田自然公園入口」バス停より／熊本市中央区黒髪4-610

茶人として有名な細川忠興と妻のガラシャが眠る「泰勝寺」

熊本城から北東に位置する、標高152メートルのなだらかな丘陵状の山が立田山《たつだやま》です。細川氏のもう1つの廟所が、この立田山の麓にあります。「泰勝寺《たいしょうじ》」と呼ばれる寺が、細川氏の菩提寺になります。しかしこの寺も妙解寺と同様に廃寺となっていて、現在では「立田自然公園」として整備され一般開放されています。

この場所に眠るのは細川藤孝《ふじたか》（幽斎《ゆうさい》）夫妻と、息子である忠興《ただおき》、そして忠興の妻であり、明智光秀《あけちみつひで》の娘であるガラシャ（玉）です。4人の廟は「四つ御廟」と呼ばれています。

園内には、忠興ゆかりの茶室「仰松軒」や宮本武蔵の関連史跡などが残る

園内で目を引くのは、細川忠興の図をもとに復元された茶室「仰松軒《こうしょうけん》」です。忠興は茶人としても有名で、千利休の高弟、利休七哲《りきゅうしちてつ》の1人にも数えられています。

仰松軒（熊本市提供）

仰松軒には手水鉢があります。これは京都にいたころの細川忠興が愛用していたもので、師である千利休や、豊臣秀吉も使用したという話が伝わっています。この手水鉢は、歴代藩主が参勤交代の際にも持参していたといわれています。

またこの場所には、宮本武蔵の墓とされるものがあります。宮本武蔵は細川忠利から客分として招かれ、晩年を熊本で過ごしました。ただし、武蔵の墓は全国に5つあるといわれています。そのうち熊本にあるのは3つで、その1つが泰勝寺跡にあるものです。そのほか、杉木立に囲まれた「苔園」や、宮本武蔵の「引導石」と呼ばれる史跡が残っています。

妙解寺跡の北岡自然公園、泰勝寺跡の立田自然公園はともに国指定の史跡となっています。立ち入り禁止区域や、喫煙の禁止などのルールが設けられ、しっかりと文化財が保護されています。

宮本武蔵の供養塔　全国に5つある宮本武蔵の墓の1つ。そばには泰勝寺の和尚の墓もある。（熊本市提供）

Part 3
肥後熊本の文化探訪

秋のくまもとお城まつり開催時の熊本城

肥後熊本の食文化

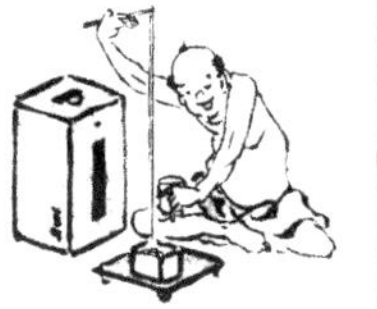

初の国産ワインをつくった細川家

火の山、阿蘇を源とする白川とその支流にあたる坪《つぼ》井《い》川の河口にひらけた肥後熊本。細川家の藩主は代々薬草学に通じており、細川家熊本藩６代藩主の細川重《しげ》賢《かた》による倹約令以降、素朴ながらも独特な食文化が根づくことになりました。

細川忠利は体が弱く、自分の健康のため、食文化、薬の研究を積み重ねていました。食文化というのは、１つに滋養強壮のための動物食が挙げられます。忠利は、黒焼きにしたオオカミの頭を煎じて飲んだり、牛乳や牛肉を食したりしていました。また、猟師がクマを仕留めると忠利に献上していたという資料も残っています。

漢方として使えるよう、さまざまな植物についても研究していました。藩政期、細川家は本丸御殿で生活せず、花畑屋敷（現在の花畑町、花畑公園辺り）で暮らしていました。そこには漢方の研究のため、さまざまな植物が集められていました。

１６２０年代、初めて**国産ワイン（ブドウ酒）**を醸造したのが小倉藩時代の忠利でした。山ブドウを百姓に採らせ、南蛮文化に詳しい家臣を呼び寄せ、忠利は毎年のようにブドウ酒を醸造していたようです。資料には「薬酒」と記されており、薬用を期待されていたことがわかります。

寛永９年（１６３２）、忠利が熊本に移されたあと、島原の乱（１６３７～38）が起こります。ブドウ酒はキリスト教への入信をすすめる際に使う酒だという考えがあったため、取り締まりが厳しくなるなかでつくり続けることが難しくなり、国産ブドウ酒の製造は一時途絶えました。約２７０年の空白ののち、明治の初めから山梨県で本格的国産ワインの醸造が再開されます。忠利のブドウ酒づくりは、日本初の本格的なワインづくりとして『日本ソムリエ協会教本２０２０』にも掲載されています。

代表的な郷土料理「からし蓮根」

忠利が熱心に行った薬の研究は、その後の熊本の文化や伝統にも影響を与えました。たとえば熊本の代表的な郷土料理に、**からし蓮根**があります。蓮根の穴に和がらし粉を混ぜた麦みそを詰め、麦粉とそら豆粉、卵黄を混ぜた衣をつけて揚げたものです。

からし蓮根

証明する史料のない伝説の類ですが、からし蓮根は、病弱だった忠利の体質改善のために考案された料理だといわれています。実際に、からしも蓮根も漢方で取り扱われる薬の一種です。漢方では、からしには体を温めたり胃腸の不調を治したりという効能が、蓮根には血行をよくしたり胃腸の働きを助けたりという効能があるとされています。

忠利は寛永14年（１６３７）に江戸に入ったものの、体調を崩して食事もとれない状態に陥ったという記録があります。神経痛などの持病があり、食欲が優れないこともあったようです。忠利とからし蓮根にどの程度の関係性があるかは定かではありませんが、確かに忠利向きの料理ともいえます。少なくとも、忠利の薬研究が知られていたからこそ由来に関する伝説が生まれ、熊本でからし蓮根が愛される一因になったことは確かです。

赤酒は肥後熊本の「お国酒」

城下町といえば地酒がつきものです。熊本藩は54万石で米の実勢産も高く、水にも恵まれたことから、酒づくりが盛んに行われていました。そんな熊本藩を代表する地酒として、**赤酒**が全国的に知られています。その名のとおりワインを彷彿とさせるような赤褐色の日本酒で、もろみに木灰を投入することで腐敗を防いだ、灰持酒《あくもちざけ》の一種です。細川家の時代にはお国酒と称されたようです。

安土桃山時代からつくられていて加藤清正が豊臣家に献上した、加藤清正が朝鮮半島からもち帰った製法だという伝承もあります。しかし実際のところはよくわかっていません。酒に灰を入れるという製法自体は、一般的な日本酒で現在も行われています（活性炭を使うのが一般的です）。江戸時代初期に上方で流行し始めた製法ですし、兵庫県の伊丹酒《いたみざけ》と仕込み配合が同じなので、この辺りを取り入れたとも考えられます。

藩政期、西国の大名は参勤交代や城の普請などで、上方や江戸を訪れた際に、文化を国元にもち帰るということがしばしばありました。また、細川家はもともと京都出身の氏族なので、そういったつながりから上方で流行していた製法をもち込んだのかもしれません。

現在は調理酒として人気が高く、正月の屠蘇《とそ》として飲むことが多い高級酒となっていますが、明治頃までは一般的な酒だったようで、夏目漱石著の『三四郎』には「熊本の学生はみんな赤酒を飲む」という一節もあります。明治時代以降、需要が激減し、市場からほぼ消えてしまったこともあります。しかし、酒造メーカーの努力によって戦後に復活し、現在に至ります。

赤酒の屠蘇（瑞鷹株式会社提供）

加藤清正の起源伝説がある馬肉食

馬肉は長野県や福島県、岩手県などでも食べられていますが、日本一の生産地は熊本県です。とくに馬肉の刺身に醤油をつけ、ニンニクやショウガと一緒に食べる**馬刺し**は、ビタミンやミネラルが豊富な健康食品であり、その味では食通をうならせてきました。

馬肉を食べる習慣についても、加藤清正の起源伝説があります。朝鮮出兵の際、食糧不足に陥った清正はやむをえず馬肉を食べ、以降、清正が馬肉食を広めたというものです。しかしながら、江戸時代においては

馬刺し　肉を切った切り口がきれいな桜色なので「桜肉」という別名がある。

肉を食べる習慣がほとんどありませんでした。そのことから、一般的に馬肉食が浸透したのは、明治以降と考えられているため、馬刺し自体の歴史は浅いものです。阿蘇地域では軍馬を育てており、戦後の食糧難を解消するために馬肉を食べ始めたことが1つのきっかけとなっています。昭和30年代には、飲食店でも馬肉を提供するようになりました。

倹約令から生まれた春を呼ぶ酒の肴

一文字《ひともじ》とはワケギの一種です。一文字をゆで、白い根っこの上部を折り曲げ、緑の葉の部分をほどけないように巻きつけたものを酢みそでいただく、一文字のぐるぐるという郷土料理があります。

今では一年中収穫できる一文字ですが、寒さで甘味が増す春先が旬です。肥後熊本では、春を呼ぶ酒の肴として、または、うば貝の酢みそとともにひな祭りの行事食として食べられてきました。

一文字のぐるぐるは、天明2年（1782）、細川重賢が財政改革のために出した倹約令をきっかけに考案されたという説もあります。名前の由来は、ネギが「葱《き》」と一文字で表されていた時代に、宮中の女官たちがそれを「ひともじ」と呼んでいた名残が、今に受け継がれていると考えられています。

一文字

一文字のぐるぐる　酢みそをつけることによって、一文字の甘さが引き立つ。

肥後熊本の芸能・芸術

武士と職人が育んだ無形文化財

肥後熊本において、細川家がもたらした文化的影響は大きいものでした。加藤家の改易後、次の肥後熊本城主には、幕府も大いに頭を悩ませたといいます。

薩摩ににらみを利かせる武力があり、かつ文化的にも優れた家柄として白羽の矢が立ったのが、当時、豊前国小倉藩主だった細川忠利です。忠利の祖父である細川藤孝《ふじたか》（幽斎《ゆうさい》）は、『古今和歌集』解釈の秘伝、古今伝授の伝承者でした。さらに忠利の父である忠興は、千利休の直弟子・細川三斎《さんさい》としても有名な文化人、茶人でした。

忠興と、林又七《はやしまたしち》という金工職人の共同作業によって生み出されたのが、肥後熊本を代表する工芸品である**肥後象《ぞう》がん**です。一般的な象がんは、金属や陶磁器、動物の牙や木材などを彫り、そこに金や銀のようなほかの材料をはめ込み模様を表します。肥後象がんの特徴は、地金に塗料などを使わず、錆色だけで深い黒色に仕上げ、地金の美しさを引き出すことや、金銀の厚み、布目の切り方、肥後独自で受け継がれる模様などで表す、武家文化を反映した重厚感や奥ゆかしさです。

肥後象がん（熊本市提供）

加藤清正の朝鮮出兵で活躍した鉄砲鍛冶職人のなかに、のちの象がん職人となった林又七の先祖がいたといわれています。忠興は、みずからの刀の鐔《つば》や縁頭《ふちがしら》に象がんを施したことで有名であり、羊羹色《ようかんいろ》の色づけは「三斎好み」と称されました。細川家熊本藩士たちもこれに倣い、みずからの刀に象がんを施すようになり、なかでも宮本武蔵の刀の鐔は独創的で、「海鼠《なまこ》透《すかし》」と名づけられています。

肥後象がんは武士と職人による刀装具として発達したため、明治期の廃刀令や、戦時中の金属使用禁止の時流のなかで、廃業寸前まで追い込まれます。しかし、現在はその技術が無形文化財として認められ、武家文化の伝統を感じさせる装飾品や装身具などがつくられ続けています。

肥後もっこすが守り続けた6つの花

熊本城下で園芸が盛んになったのは、細川家熊本藩6代藩主の細川重賢が、藩政立て直しを実行した宝暦年間（1751〜64）以降と考えられます。重賢は薬草学に通じており、宝暦の改革の一環とし「蕃滋園《ばんじえん》」という薬草園を設け、精神修養として植物栽培を藩士にも奨励しました。さらに薬草研究機関として「再《さい》春館《しゅんかん》」という医学校や、「時習館《じしゅうかん》」という人材育成の藩校も設立しています。

重賢以降、細川家熊本藩8代藩主の斉茲《なりしげ》、10代藩主の斉護《なりもり》も、武士のたしなみとして植物栽培を奨励したこともあり、肥後熊本では観賞用の花を育てることに熱心な気風が育ちます。なかでも**肥後六花《ひごろっか》**と呼ばれる6種類の花は、長年の品種改良の賜物といえるでしょう。

肥後六花とは、**肥後椿《つばき》**、**肥後芍薬《しゃくやく》**、**肥後花菖蒲《はなしょうぶ》**、**肥後朝顔**、**肥後菊**、**肥後山茶花《さざんか》**の6種の花の総称です。共通する特徴として、「端正な一重咲きで優美な花芯、清らかな色」が挙げられます。肥後六花の栽培方法や観賞方法は、それぞれに独自の作法があり、「花連」と称するそれぞれの花の保存団体が、種と苗を門外不出の宝として守り継いでいます。

肥後芍薬（熊本市提供）

肥後朝顔（熊本市提供）

物事に一途で、飾り気がない肥後熊本の人々の気質を表す「肥後もっこす」という言葉がありますが、ひたすらよい花を咲かせるために努力精進する人々の姿勢は、まさにこの言葉と重なります。そして、熊本城内の肥後名花園では四季折々の花が咲き、早春には肥後熊本の風物詩となった植木市が行われていました。ただし、令和5年（2023）現在は、見学することができません。

剣道王国の源流は古武道にあり

肥後熊本は尚武の気風が強く、宮本武蔵の二天一流《にてんいちりゅう》をはじめ、古武道の流派が数多く受け継がれています。この地に古武道が残ることになった要因の1つとして、細川重賢が宝暦の改革の一環として熊本城内二の丸に創設した時習館が挙げられます。

藩校である時習館は、国家治乱に備え、文武を振興し、人材を育成する目的がありました。藩士以外の子弟でも、優秀で志ある者ならば家老の推薦を受けて時習館へ入学することが許されていました。

この藩校は、文学（儒学）と同様に武芸も重んじていましたが、文学師範より武芸師範のほうが多かったようです。さらに農民や商人階級から藩士に昇格した者でもその身分を世襲することができ、その際に諸流派の武道の習得が必修とされていました。よって肥後熊本では武芸に秀でた藩士が数多く輩出され、60以上もの武道流派が育つこととなります。

その後、明治維新によって武道は衰退していきますが、一部は古武道として守り続けられ、また一部はスポーツ競技として復興していくことになります。とくに剣術は**剣道**として根づき、剣道競技大会の優勝者には熊本出身の剣士が多いことから、肥後熊本および九州は「剣道王国」と呼ばれています。

熊本城と城下町を舞台とした小説作品紹介

・森鷗外

『阿部一族』（岩波文庫ほか）

江戸時代、藩主を亡くした側近たちは殉死を遂げていくが、阿部弥一右衛門は主君の命じたとおり新藩主に仕え続ける。すると周囲から非難され、阿部一族は破滅へ向かう。細川家熊本藩2代藩主である細川光尚が家督を継いだ翌年に、熊本藩で実際に起こった記録を下敷きにしている時代小説。

年貢米と川尻刃物

江戸時代、細川家の保護を受けて発展したのが肥後熊本の伝統工芸の1つ、**川尻刃物**です。なかでも切れ味と耐久性に優れた**包丁**は全国的に有名です。

熊本市川尻は室町末期からの鍛冶屋町で、加藤家の時代には軍港および商港として発達しました。細川家の時代には肥後五か町の1つに指定され、肥後藩の造船所も設けられます。

この時流のなかで、川尻刃物は細川家造船所の下請けとして発展します。当時の川尻は緑川水系の年貢米の集積地で、大坂などへ年貢米を運ぶ廻米船が数多く行き交う宿場町でもありました。川尻で年貢米を下ろした船は、農具や包丁などを仕入れ、緑川水系の各地で刃物商品を販売する商業が発達していたのです。

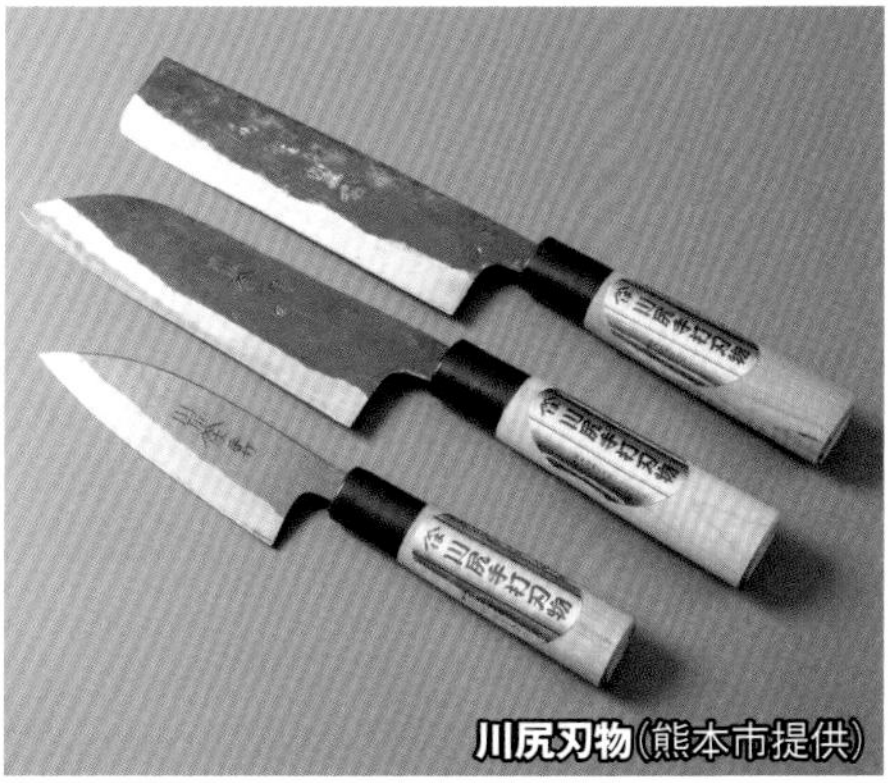

川尻刃物（熊本市提供）

・夏目漱石

『草枕』（新潮文庫ほか）

夏目漱石は明治29年（1896）に、旧制第五高等学校（現在の熊本大学）に赴任。このときの経験をもとに、熊本県玉名市の小天《おあま》温泉をモデルとする「那古井《なこい》温泉」を舞台に、1人の画工の旅を描いた作品。

・山本周五郎

『よじょう』

（『大炊介始末』新潮文庫ほかに収録）

山本周五郎のシニカルな宮本武蔵観がうかがえる短編小説。熊本城内の廊下で、主人公・岩太の父が宮本武蔵に斬り殺される。のちに岩太は、路上で生活する乞食になる。ところが、熊本城下の人々は岩太が父の仇である宮本武蔵を討つために潜伏していると誤解。さらには宮本武蔵までが勘違いをし、岩太にある言づてをする。

・海音寺潮五郎

『加藤清正』（文春文庫）

15歳で木下藤吉郎《きのしたとうきちろう》（豊臣秀吉）に仕えた虎之助《とらのすけ》（加藤清正）は、山崎、賤ケ岳《しずがたけ》をはじめ数々の合戦で名を上げ、ついに肥後熊本城の太守《たいしゅ》となる。秀吉の死後、遺児の秀頼だけが清正の心残りだった。直情径行ではあるが純粋な清正を、作者の海音寺潮五郎が慈愛に満ちた筆で描写している。

肥後熊本を知るためのミュージアム案内

肥後熊本の歴史を古代から網羅

熊本博物館（熊本博物館提供）

　江戸時代、肥後熊本藩主の参勤交代は、船団を率いて海を渡る「海の参勤交代」も行われました。その船団のなかでひときわ目を引いたのが、藩主が乗る御座船「波奈之《なみなし》丸《まる》」です。船の天井には豪華絢爛な天井画、細川氏の家紋である「九曜紋」「桜紋」で装飾されたこの船の船屋形は、国内で唯一現存している大藩の海《うみ》御座船《ござぶね》船屋形です。

　長年にわたり熊本城の天守内で展示されていました。平成30年（2018）以降は、**熊本博物館**にて展示されています。

　熊本城三の丸に位置する熊本博物館は、平成30年（2018）にリニューアルオープンしました。古代から近代に至る歴史資料や、自然系の収蔵品の展示に加え、プラネタリウムも併設されています。

熊本博物館に展示されている「細川家舟屋形」
（永青文庫蔵、管理団体熊本市）

熊本博物館
・熊本市中央区古京町3－2
・熊本市電「杉塘」駅より

加藤家、細川家の時代をライブ体験

熊本城ミュージアムわくわく座は、肥後熊本の歴史をバーチャルリアリティや映像、スタッフのライブ解説などを通じて体感できるミュージアムです。1階では、加藤清正の肥後入国から西南熊本地震で被災したときの状況などをプロジェクションマッピングや映像で紹介しています。2階の「ものがたり御殿」では、迫力ある映像や役者により、熊本城から広がる歴史をドラマ仕立てで紹介します。

そのほか、熊本城石垣積み体験や有名人対局クイズ、駕籠《かご》体験や馬術体験、羽織るだけでお殿様やお姫様になりきれる「なりきり体験」など、このミュージアムならではの体験ができます。

熊本城ミュージアムわくわく座(熊本城ミュージアムわくわく座提供)

熊本城ミュージアムわくわく座
・熊本市中央区二の丸1-1-1
・熊本市電「花畑町」駅より

文武両道、細川家の名品に出合う

細川忠興は、名茶人として利休七哲の1人に数えられていました。こうした理由から、細川家には多くの茶道具が伝わっています。永青《えいせい》文庫は、かつて旧熊本藩主だった細川家伝来のこういった美術品や、歴史資料などを中心としたコレクションを所蔵する東京都文京区目白台にある美術館です。**熊本県立美術館**には、「永青文庫展示室」が設けられており、年に数回展示品を入れ替えながら、さまざまな企画展が行われています。戦国の世を生き抜いた武将・細川忠興の愛刀をはじめ、武器・武具、女性たちの華やかな衣裳が展示されています。さらには、武家にとって必須の教養であった能楽の道具や茶道具、香道にまつわる道具など、細川家ゆかりの品から、文武に秀でた細川家の大名文化を堪能できる美術館です。

熊本県立美術館

熊本県立美術館
・熊本市中央区二の丸2
・熊本城周遊バス「熊本城二の丸駐車場」バス停より

竹林の館で感じる武家文化

熊本城の西にある、竹林のなかに建つのが**島田美術館**です。熊本城顕彰会常務理事を務めた故・島田真富《しまだまとみ》が収集した、武家文化に関する古美術品1000点近くを収蔵しています。島田真富は、生涯を和服で通しました。「洋服ば着とる者に直《ひた》垂《たれ》や大鎧の着付けのわ

島田美術館

かるか」というのが口癖で、その生涯を武家文化の探究に捧げた人物と伝えられています。

島田氏は武蔵会会長も務めていたことから、島田美術館には宮本武蔵ゆかりの品が豊富に展示されています。ほかに加藤清正、細川家など、熊本にちなんだ書画や道具類、調度品などの資料も多数所蔵し、ギャラリー、カフェも併設しています。

島田美術館
・熊本市西区島崎4−5−28
・熊本都市バス「城西校北」または「慈恵病院前」バス停より

内戦から学ぶ平和の尊さ

明治10年（1877）、日本で最後の内戦となったのが西南戦争でした。その激戦地である熊本市田原坂《たばるざか》に建つのが**西南戦争資料館**です。生々しい弾痕の残る家（復元）や慰霊塔も建っており、現在はツツジや桜の名所としても知られています。

館内では西南戦争に至る時代背景や、意義についてわかりやすく展示されています。なかでも、映像や音を駆使した体感展示シアターでは、小銃の飛来音や兵士の息づかいなどが聞こえ、当時の戦《いくさ》の様子をリアルに体感することができます。

熊本市田原坂西南戦争資料館

また、西南戦争のさなかに設立された「博愛社」という救護団体が、現在の日本赤十字社のきっかけとなりました。それを受け、平和の大切さについても伝えています。

熊本市田原坂西南戦争資料館
・熊本市北区植木町豊岡858−1
・JR鹿児島本線「田原坂」駅より

肥後熊本の祭礼・行事

新春の祭礼・行事と見どころ

くまもと春の植木市の起源は、今から４４０年ほど遡ります。熊本城の前身である隈本城《くまもと》（古城《ふるしろ》）の城主であった城親賢《じょうちかまさ》が、病床にある子息を慰めるために催した市場がその起源と伝えられています。これが肥後藩の園芸文化と相まって、今では早春の一大行事となりました。2月上旬から3月中旬、白川河川敷では庭園樹、盆栽などが展示販売されます。

そのほかの祭礼・行事

みふね初市▼2月下旬（上益城郡御船町の御船本町通り）、木原不動尊春季大祭▼2／28（木原不動尊）

春の祭礼・行事と見どころ

4月下旬に佐《さ》敷諏訪《しきすわ》神社で行われる**佐敷諏訪まつり**は、芦北地方に春の訪れを告げる例大祭です。細川家熊本藩の時代、この地には地侍や百姓からなる「葦北《あしきた》鉄砲隊」が存在していました。その歴史を今に伝える、葦北鉄砲隊の演武の催しも行われます。

佐敷諏訪まつり　「赤ちゃん土俵入り」でも有名な佐敷諏訪まつり。葦北鉄砲隊は古式砲術の演武を行う。（佐敷諏訪神社提供）

そのほかの祭礼・行事

清正公まつり▼4月第4日曜（熊本城下一帯）、熊本城坪井川園遊会大園遊会▼5月上旬（熊本城下一帯）

夏の祭礼・行事と見どころ

山鹿《やまが》温泉は、細川家熊本藩初代藩主・細川忠利による御茶屋があったことで知られています。この地を代表する伝統工芸が、和紙でつくられた「山鹿灯籠」です。8月15〜16日には、山鹿小学校グラウンドを中心に**山鹿灯籠まつり**が行われます。頭上に灯籠を載せた女性たちが優雅に舞い踊る、「千人灯籠踊り」が有名です。

そのほかの祭礼・行事

頓写会▼7／23（本妙寺）、火の国まつり▼8月上旬（熊本市中心部）

秋の祭礼・行事と見どころ

八代《やつしろ》城は熊本藩加藤氏の家臣である加藤右馬允正《うまのじょうまさ》方《かた》によって築かれました。その後、隠居した細川忠興が入ったことから、肥後藩は一国二城体制となります。忠興が文化都市・八代を目指して興したのが**八代妙《みょう》見祭《けんさい》**の神幸行列です。

11月下旬、八代神社（妙見宮）から八代城跡一帯で行われる八代妙見祭は、江戸初期から続く八代市の秋祭りです。国の重要無形民俗文化財にも指定されています。

八代妙見祭　豪華絢爛な笠鉾や、カメとヘビが合体した、人気の「亀蛇」（通称ガメ）などが、八代城下町を練り歩く八代妙見祭。

そのほかの祭礼・行事

八朔祭▼9月第1土・日曜（上益城郡山都町の浜町商店街一帯）、藤崎八旛宮秋季例大祭▼9月中旬（藤崎八旛宮）

索引

参考文献

『熊本歴史散歩――城下町の変遷』荒木精之著、創元社、１９７２年

『聞き書　熊本の食事（日本の食生活全集43）』農山漁村文化協会、１９８７年

『ふるさとの人と知恵　熊本（人づくり風土記――全国の伝承江戸時代43）』加藤秀俊ほか編、農山漁村文化協会、１９９０年

『新熊本市史　別編第1巻　絵図・地図（上・下）』熊本市、１９９３年

『古写真に探る熊本城と城下町』冨田紘一著、肥後上代文化研究会、１９９３年

『図説　熊本県の歴史（図説　日本の歴史43）』平野敏也・工藤敬一編、河出書房新社、１９９７年

『新熊本市史　通史編第2巻　中世』熊本市、１９９８年

『熊本・九州の城下町（太陽コレクション　城下町古地図散歩7）』平凡社、１９９８年

『熊本城――偉容誇る大小の天守・石垣（「歴史群像」名城シリーズ）』学習研究社、２０００年

『新熊本市史　通史編第3巻　近世1』熊本市、２００１年

『新熊本市史　通史編第4巻　近世2』熊本市、２００３年

『熊本城のかたち――石垣から天守閣まで』熊本日日新聞社編集局編、弦書房、２００８年

『熊本城（名城をゆく1）』小学館、２００９年

『熊本県の歴史散歩（歴史散歩43）』山川出版社、２０１０年

『熊本城を極める』加藤理文著、サンライズ出版、２０１１年

『熊本県の歴史（県史43）』松本寿三郎・板楠和子・工藤敬一・猪飼隆明著、山川出版社、２０１２年

『ブラタモリ6　松山　道後温泉　沖縄　熊本』ＫＡＤＯＫＡＷＡ、２０１６年

『熊本城の被災修復と細川忠利』後藤典子著、熊本日日新聞社、２０１７年

『復興熊本城　vol.1　被害状況編』熊本日日新聞社・熊本市、２０１７年

『復興熊本城　vol.2　天守復興編1』熊本日日新聞社・熊本市、２０１８年

『細川忠利――ポスト戦国世代の国づくり（歴史文化ライブラリー471）』稲葉継陽著、吉川弘文館、２０１８年

『復興熊本城　vol.3　天守復興編2』熊本日日新聞社・熊本市、２０１９年

『復興熊本城　vol.4　天守復興編3』熊本日日新聞社・熊本市、２０２０年

『歴史にいまを読む――熊本・永青文庫からの発信』稲葉継陽著、熊本日日新聞社、２０２０年

『復興熊本城　vol.5　長塀編』熊本日日新聞社・熊本市、２０２１年

『「復興熊本城」別冊　天守閣完全復旧記念　熊本城天守閣常設展示図録』熊本日日新聞社・熊本市、２０２１年

『ぶらり新町・古町――城下町熊本を歩こう』満野龍太郎著、熊本日日新聞社、２０２１年

『復興熊本城　vol.6　石垣被害研究編』熊本日日新聞社・熊本市、２０２２年

インタビュー撮影　松木薗祐太
編集協力・図版作成・撮影　クリエイティブ・スイート
執筆協力　真代屋秀晃・石津智章（TEAMマシロヤ）、桑原由布、
西田めい、遠藤昭徳・冨永恭章・吉田暖（クリエイティブ・スイート）
装丁　伊藤礼二（T-Borne）
大槻亜衣（クリエイティブ・スイート）

図説《ずせつ》日本《にほん》の城《しろ》と城下町《じょうかまち》⑨
熊本城《くまもとじょう》

二〇二四年一月二〇日　第一版第一刷発行

監修者　稲葉継陽
発行者　矢部敬一
発行所　株式会社　創元社
〈本　社〉〒五四一-〇〇四七　大阪市中央区淡路町四-三-六
電話（〇六）六二三一-九〇一〇㈹
〈東京支店〉〒一〇一-〇〇五一　東京都千代田区神田神保町一-二
田辺ビル
電話（〇三）六八一一-〇六六二㈹
〈ホームページ〉https://www.sogensha.co.jp/
印刷　図書印刷

ISBN978-4-422-20179-5 C0320